Ju Ferraz

tpm, pra que te quero?

Dicas, receitas e empoderamento

Outro Planeta

Preparação: Elisa Martins
Revisão técnica: Beatriz Nunes de Sousa (receitas) e Dr. Raphael Frade Said (ginecologista)
Revisão: Juliana Cury Rodrigues e Mariane Genaro
Projeto gráfico, ilustração e diagramação: Joana Resek
Capa: Renata Vidal
Fotos de capa e páginas 8, 10, 16, 23, 30, 35, 36, 40, 44, 48, 58, 62, 68, 70, 77, 82, 211: Luiz Ipolito
Fotos das páginas 97, 114, 115, 117, 126, 128, 130, 135, 136, 138, 141, 143, 144, 146, 149, 150, 153, 154, 156, 159, 160, 163, 164, 167, 168, 170, 173, 174, 177, 178, 180, 183, 184, 187, 188, 190, 192, 194, 197, 198, 201, 202, 204, 206, 212, 214, 216, 218, 220, 224: Acervo da autora

CIP-BRASIL. CATALOGAÇÃO NA PUBLICAÇÃO
SINDICATO NACIONAL DOS EDITORES DE LIVROS, RJ

Ferraz, Ju
TPM pra que te quero? : dicas, receitas e empoderamento / Ju Ferraz. – São Paulo : Planeta, 2018.
224 p.

ISBN: 978-85-422-1395-9

1. Mulheres - Autoestima 2. Mulheres - Poder 3. Tensão pré-menstrual - Obras populares 4. Receitas I. Título

18-1230 CDD 158.1

Esse livro foi composto em Raleway e impresso pela Gráfica Santa Marta para a Editora Planeta do Brasil em agosto de 2018.

2018

EDITORA PLANETA DO BRASIL LTDA.
Rua Padre João Manuel, 100 – 21º andar
Ed. Horsa II – Cerqueira César
01411-000 – São Paulo-SP
www.planetadelivros.com.br
atendimento@editoraplaneta.com.br

Às minhas sobrinhas Isabela, Isadora e Julia e, quem sabe, à minha futura filha: que esse livro inspire vocês a serem a melhor versão de vocês mesmas. Sejam fortes, e se precisarem de mais força, estou aqui.

sumário

RECEITAS QUE INSPIRAM

SUCOS PARA A TPM

A **TPM** da Ju

Eu nunca soube ao certo como começar um livro. Para falar a verdade, nunca me imaginei escrevendo um. Sempre fui uma grande sonhadora, mas, dentro de mim, não tinha ideia onde isso tudo iria me levar. Bom, uma página em branco na minha frente. Ok, vou começar pelo começo. É assim que se inicia, né?

Sou a Juliana, também conhecida como Ju Ferraz. Ou como a Ju do *TPM*. Em alguns casos extremos, como menina TPM. Meu canal surgiu por causa dessa bendita tensão pré-menstrual, que desde a minha adolescência sempre foi muito intensa. Lembro-me claramente das minhas crises de choro, acompanhadas de uma baita cólica e sempre regadas a uma vontade avassaladora de comer chocolate. Lá ia eu na cozinha, às 3 horas da manhã, preparar um brigadeiro de panela. Levava para o meu quarto, me trancava e ficava escutando "Perfect", do Simple Plan. Mentira. Eu comia e ia dormir.

Foi daí que surgiu a ideia: que tal compartilhar esses meus momentos gulosos com meninas que passam pela mesma situação? Lá fui eu, com uma câmera em uma mão, um fouet na outra e um coração transbordando esperança e vontade de fazer acontecer. O canal foi tomando forma, foi recebendo de braços abertos os fãs que chegavam, foi se profissionalizando e hoje é um dos maiores canais de confeitaria e de comidas gostosas para comer na TPM. Afinal, merecemos muito, né, meninas? ■

MÃE, SOCORRO! O QUE É ISSO NA MINHA CALCINHA?

Ninguém nos ensina como é menstruar. Ninguém nos conta que menstruar pela primeira vez é extremamente esquisito, que parece uma situação completamente anormal, que você se sente um verdadeiro alien, e assim vai.

Na verdade, o que se sabe é que, quando você menstrua, você vira uma mocinha. Mas que diabos significa isso? Por acaso seria uma profecia de que agora você é obrigada a cuidar oficialmente da sua vida, que não ganhará mais presentes no Dia das Crianças e que uma vez por mês algo muito estranho vai acontecer com o seu corpo? É, acho que é isso que os adultos tentam nos dizer. Mas tudo bem, só aprendemos quando acontece (mesmo que demore um pouquinho, como aconteceu comigo).

Era um domingo qualquer, uma noite qualquer. Um dia em que eu estava fazendo qualquer coisa. Até que me deu a maior vontade de fazer xixi. Lá fui eu, de pijama, calcinha e pantufas do pateta. Sentei na privada e PLOFT (leia-se momento de tensão aqui): um borrão bem escuro na minha calcinha.

O que é isso? Fiquei completamente em choque. Estava tudo indo tão bem na minha vida, meu Deus. Eu comia cereais todos os dias de manhã, ia para a escola, era uma aluna mediana, fazia tudo mais ou menos certo. Merecia esse castigo?

Lá fui eu colocar a cabeça para funcionar. Será que o número 2 sujou a minha calcinha? ECA. Não! Sempre fui tão limpinha. Ok, próxima. Juliana, eu disse próxima. Não, eu não tinha uma próxima opção. Algo diferente estava realmente acontecendo dentro de mim!

"Mãe, socorro!!! O que é isso na minha calcinha?" De repente, o céu ficou estrelado, borboletas invadiram a minha casa e a Whitney Houston começou a cantar. Minha mãe parecia aquelas mães dos filmes da Disney, com um sorriso de orelha a orelha. Então ela gritou: "AMOR, AMOR, AMOR! A Ju virou MOCINHA".

Quê? O que é isso? Será que "virar mocinha" é uma doença grave, sem cura? Será que é o meu FIM? Ok, vou deixar o meu irmão ficar com o meu computador e também com o meu *The Sims*. R.I.P., Juliana.

Pois bem, depois que a minha mãe conseguiu se acalmar, ela me explicou que aquilo na minha calcinha era uma menstruação. Beleza, já tinha ouvido falar sobre isso. É aquela coisa que sangra todo mês, que dá dor de barriga e que deixa a minha mãe completamente louca. Posso morrer agora?

Saímos do banheiro (sim, essa cena toda se passou dentro de um banheiro) e minha mãe me levou até a sala para batermos um papo. Me senti ainda mais alienígena. O que será que ela ia falar dessa vez?

Ela começou me dizendo que uma coisa muito linda estava prestes a iniciar na minha vida. Disse que isso me tornava uma mulher, e que um dia isso me daria a chance de ser mãe. MEU DEUS. ESSA MULHER ENLOUQUECEU. FILHOS? O quê? Eu só quero jogar joguinhos e ficar na piscina, mãe! Oras bolas, está difícil de entender, hein?

Além disso tudo, ainda me disse que seria uma nova fase na minha vida, que eu precisaria me organizar, ter um nécessaire só para mim. Fomos até o banheiro dela e ela pegou 2 pacotes grandes. Olhei desconfiada. Na verdade, eu estava 100% alerta. De repente, ela tira do pacote 2 minifraldas e coloca na minha frente. "MÃE, FRALDAS?" Ela riu sem parar e me disse que eram absorventes. Os absorventes que, a partir desse dia inesquecível, eu estaria fadada a usar pelo resto da minha vida.

Ela me ensinou como colocava na calcinha e me fez andar pela casa toda com ele, para ver se eu me acostumava. Levantei as mãos aos céus e me perguntei novamente: POR QUÊ? Estava tudo tão legal antes dessa bendita menstruação. Bom, vida que segue.

Lá fui eu dormir na presença desse treco esquisito entre as minhas pernas. Tentei dormir, mas só conseguia fechar os olhos e pensar no bendito absorvente. Na menstruação. Nos FILHOS que um dia eu teria. E, claro, nas Kiplings que eu não iria mais ganhar no Dia das Crianças! ■

AMIGA, SUA CADEIRA ESTÁ SUJA!

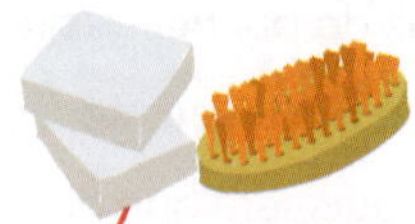

Ahhhhhh! Quando você vira mocinha ninguém lhe conta sobre fluxo menstrual, sobre calças brancas e sobre a ESCOLA. Ninguém lhe conta aquelas histórias sobre meninas que não colocaram o absorvente e passaram a maior vergonha diante da classe inteira. Tudo bem, estou aqui para isso agora.

Eu me lembro exatamente do dia em que, pela primeira vez, fui para a escola menstruada. Acordei em depressão pós-menstruação, escolhi a calça de moletom mais larga que eu tinha para não marcar o absorvente, coloquei o uniforme e peguei a minha mochila. MEU DEUS! Quase me esqueci do nécessaire superútil da minha mãe. Fui o caminho todo pensando em como eu daria essa notícia para as minhas amigas. "Amiga, virei mocinha" ou "ME AJUDA, ME TIRA DESSA VIDA, ME TIRA DAQUI".

Cheguei e dei de cara com a minha melhor amiga. Ela viu claramente a minha tristeza (não estava muito difícil de perceber) e perguntou: "Nossa, Ju, o que aconteceu?". Eu a puxei com toda a força, a levei para um cantinho bem escondido e sussurrei: "Amiga, algo muito estranho aconteceu comigo. Eu menstruei". Você precisava ver a cara de dó estampada no rosto dela. Claramente eu estava em uma cilada.

Fui caminhando até a minha sala com toda a certeza de que a escola inteira sabia que eu estava menstruada. Cada olhar, cada "Oi, Ju, bom dia" era um tiro bem no meio do meu peito. "Bom dia, alunos", disse a professora, iniciando a aula. Minhas mãos começaram a suar, as pernas começaram a tremer, e eu só queria me enfiar num buraco e nunca mais sair. "Hoje falaremos sobre geometria espacial." UFA! Ela não vai falar sobre a minha menstruação, nem sobre absorventes e muito menos falaremos sobre filhos. Provavelmente neste momento você está me achando muito egocêntrica, e eu lhe digo, minha cara, nessa fase é o que mais somos.

Chegou a hora do recreio. Contei para o resto das minhas amigas o ocorrido e obviamente a reação foi a mesma: "QUÊ?".

Sim, eu era a primeira "menstruante" do grupo. A primeira vítima. Fui atacada por centenas de perguntas, desde as mais idiotas até as mais pertinentes. Perguntas do tipo: "Seus peitos irão crescer agora?" e "Você vai reclamar de tudo?" até "Como é usar absorvente o tempo todo? Ele faz cosquinhas?". Não, não estava sendo fácil ser eu naquele momento.

Voltamos do recreio. Todas caladas, só pensando no bendito sangue que mais dia menos dia sairia de todas nós. Durante a deliciosa aula de Biologia (leia-se com tom de ironia aqui), uma colega de classe levantou a mão e pediu para ir ao banheiro. Ok, tudo normal até aqui. De repente, o mundo caiu sobre a nossa cabeça. Na verdade, caiu bem em cheio na cabeça da menina. A CALÇA DELA ESTAVA CHEIA DE SANGUE. Ops, peraí! A CADEIRA DELA TAMBÉM. Onde aperta o botão para o mundo parar e eu poder descer? Aproveito e levo a menina comigo também.

Pois é, ninguém estava acostumado com esse assunto. Eram poucas as meninas da minha sala que já tinham menstruado e, obviamente, ninguém sabia lidar direito com essa nova fase.

Já sabe o resto, né? Quando chegava a menstruação, Juliana medrosa colocava pelo menos 3 absorventes para não sujar a roupa. Calça branca? Jamais. Muito tempo sem ir ao banheiro para checar? Jamais. Coisas que com o tempo fui aprendendo. Mas ó, confesso, não foi fácil, não. Sujei muita calcinha, deixei vazar, tive que aprender a me organizar e também a me manter sempre limpinha. Sim, aprender. Lencinhos umedecidos são ótimos aliados nesse momento!

Mas, pessoal, deixa eu falar uma coisa? Se sujar, é só lavar. Se manchar, é só deixar de molho. Sim, só isso. Infelizmente, desde quando começamos a lidar com esse assunto, fomos ensinadas que tudo isso é um verdadeiro nojo, vergonhoso e que todos os meninos vão rir da nossa cara. Pare por aí! Não existe nada mais orgânico e natural do que a menstruação. Por isso, se acontecer, máquina de lavar nelas! ■

MÃE, POSSO FALTAR NA ESCOLA?

Tô menstruada

Sempre fui a faltona da escola. Sempre que eu podia, inventava uma desculpa para cabular a aula. Sabe, eu gostava da minha escola, porém a minha cama era tão mais gostosa. Mas é claro que era muito raro a minha mãe deixar.

Na minha cabeça inocente, a menstruação seria uma excelente aliada minha nesse momento. EBA, TÔ DOENTE, POSSO FALTAR. "Ai, mãe, tô com muita cólica. Não tenho condições de levantar da cama." Minha mãe dizia: "Eu também estou menstruada e estou indo trabalhar, vou levá-la à escola, vou pagar as contas e depois vou à academia. Menstruação não é doença, pode levantar". Minha mãe era craque em me fazer refletir. Cada frase me fazia pensar por pelo menos uma hora. E, claro, a conclusão era a mesma: *Juliana, sua idiota!*

Tá bom, lá vamos nós. Eba! Uhu! Droga, hoje tem prova de Matemática. CARACA, não sei nada. Ah, tudo bem, eu recupero no bimestre que vem. Nesse momento a cólica estava leve, dava para aguentar.

Lá fui eu fazer a bendita prova. Cheguei à sala, sentei na minha carteira, peguei meu estojo com 30 canetas coloridas e cheirosas, respirei fundo, rezei um Pai-Nosso e comecei. Ah, isso eu sei. YES! Próxima. AI, MEU DEUS DO CÉU, EU TÔ ESQUISITA DEMAIS. AI, AI, AI, AI, AI!!!!!!! Juro que eu gostaria de explicar em palavras a dor de uma cólica. As pontadas. O seu útero se remexendo e fazendo você gemer de dor. E, olha só, não poderia fazer isso no meio da minha prova de Matemática, não é mesmo?

Eu queria chorar de dor e de nervoso por não conseguir me concentrar. Consegui resolver os exercícios, mas sem foco nenhum. Droga, minha mãe vai me matar. Como vou explicar mais uma nota baixa? "Oi, mãe, estava com cólica e por isso fui mal, tá?" AH, o mundo seria tão colorido se fosse assim. Vida real, Juliana, concentra.

As cólicas me acompanharam durante as provas da minha vida. Provas de recuperação, de vestibular, até as provas mais desafiadoras, como a provinha para tirar a tão esperada carta de motorista. REPROVADA. Dessa vez não foi culpa da menstruação, foi culpa minha mesmo. ■

TPM e sexualidade

Seria hipocrisia da minha parte dizer que os homens entendem muito sobre o nosso período pré-menstrual. Mas calma, antes de você ficar brava comigo, um alerta: não quero causar uma briga de sexos aqui! Pelo contrário: só quero expor os fatos. Homens não menstruam, não têm a menor ideia do que é um absorvente, por isso não entendem. E não tem problema nenhum nisso; faz parte não saber.

É engraçado que, com o passar dos anos, os homens que fui conhecendo pareciam falar sobre menstruação com mais naturalidade. No começo, para mim, era uma grande vergonha menstruar. Me lembro dos acampamentos, das festinhas de 15 anos, das viagens de férias. Ah, se algum menino soubesse que eu estava menstruada. Eca!

Com o tempo veio a maturidade. Eu conseguia falar sobre isso com um pouco menos de vergonha, mas mesmo assim ainda era um tabu.

Eu me lembro que durante todo esse processo, o meu corpo foi mudando. Comecei a ter mais curvas, mais peito, mais bumbum (YES!), e uma cinturinha que eu morro de saudades (é a idade, né?).

Sinais de uma Juliana mulher apareciam em mim. E claro, os hormônios fervendo por dentro. O que está acontecendo comigo? Não era para ser apenas um beijo? Ligava para as minhas amigas e falava: "Ele tentou passar a mão em mim e CLARO que eu não deixei". E por dentro, meus hormônios diziam exatamente o contrário: "Sua tonta!".

Beijos, festas, paqueras, amores zero correspondidos. Ah, eu era ímã dos amores não correspondidos, viu? O tempo foi passando e o assunto "sexualidade" foi batendo com força na minha porta.

Para falar a verdade, sempre tive muito medo e muita vergonha de falar sobre isso. Para mim era um verdadeiro tabu. Eu via todas as minhas amigas contando sobre a primeira vez, sobre todas as novas experiências e eu cheia de questões por dentro. E se doer? E se for com a pessoa errada? E se, e se, e se? Ah, se soubéssemos como o "e se" empaca a nossa vida.

Enfim, deu tudo certo. Não foi nada do jeito que eu imaginava. Não foi um conto de fadas, doeu muito, mas, no fim, me transformou. Me fez ver que as coisas são bem menores do que parecem. O bicho de 7 cabeças fui eu mesma que criei.

Desde então, questões reais começaram a aparecer e passaram a fazer parte das rodas de bar. Transar menstruada? Que nojo. Nossa, como já ouvi isso na minha vida. E pasmem: a maioria das vezes veio de uma mulher. Para falar a verdade, eu fazia parte desse grupo grande de mulheres.

Me sentia insegura com o meu corpo, com a luz acesa e, claro, com a menstruação. Porém decidi abrir o jogo e tentar. Nada demais. Uma noite como outra qualquer.

Mais um passo para a liberdade. Aprendi a utilizar uma técnica infalível para os bons relacionamentos: o diálogo. Sabe aquele papo gostoso com quem amamos? Então, é disso que eu estou falando.

Comecei a falar. Comentei que queria experimentar transar menstruada. Fiz. Deu certo. Comecei a falar mais sobre mim, sobre meus medos, sobre meus espaços. Passei a abordar mais a minha menstruação, em todos os âmbitos da minha vida.

Nada melhor neste mundo do que aprender a olhar para dentro, entender as nossas necessidades e lutar pela nossa própria mudança.

A partir de então, comecei a ser sempre honesta com as pessoas da minha vida. Com os homens da minha vida também.

"Pai, me dá um segundinho? Não tô legal." Com o meu irmão eu até tentava, mas irmão é irmão, né? Com o Victor, meu marido (♥), mas que na época era o meu namorado, sempre fui bem clara quando não estava bem, com enxaqueca, inchada, sem vontade de nada. É muito engraçado ver que, com o tempo, ele foi percebendo esses meus momentos e os espaços foram se estabelecendo muito bem entre nós. Nunca tratamos esse assunto com ironia, pelo contrário, sempre houve muito respeito. Cada um com o seu limite. Mas o limite vem de nós. Somos nós quem devemos dizer: "Não gosto, não quero, não consigo. Me deixa aqui quietinha?". Obrigada, amor, por jogar sempre junto. ■

TPM E FACULDADE

Você trabalha de manhã, estuda de tarde, vai à faculdade de noite, emenda na balada de madrugada. Faculdade é assim: tem tempo para tudo e não tem tempo para nada. E, óbvio, quando você é organizada como eu (leia-se com muita ironia), a vida acaba pregando algumas peças entre um trabalho e outro para apresentar, chegar no horário para não tomar esporro do chefe e se lembrar de avisar sua mãe que não é para ela esperar acordada.

"Turma, trabalho em grupo: quero um projeto de vídeo criativo, gravado e editado, para semana que vem." Trabalho surpresa! Demais, né? Todo mundo amava #sqn.

Lá íamos nós colocar mais tarefas no meio da nossa vida já extremamente atarefada (festas tomam um tempo que você não faz ideia!).

E agora? Quando vamos gravar isso? Os planos sempre eram os melhores: vamos fazer o trabalho enquanto tocamos a vida. Gravar na festa, editar no metrô, pensar no bar, finalizar durante aquela outra aula chata.

Já estava difícil de organizar, e nosso grupo só de mulheres já estava totalmente alinhado. Só não contavam com um fator bobo, tolo, besta: a minha TPM estava chegando. E estaria no ápice no dia da apresentação, pelas minhas contas.

Já avisei na hora: gente, eu faço o projeto, mas não consigo apresentar a ideia na frente da sala antes de exibir o vídeo. "Por que, Juliana? Sempre se esquivando das partes chatas!" Toparam. (Taí uma boa vantagem de fazer trabalho com outras mulheres.)

Começamos a pensar no vídeo. "Vamos fazer um clipe! Mais divertido e cheio de licença poética para realizar, literalmente, qualquer coisa. Filmamos rapidão, editamos meio frenético e chamamos isso de arte!" Parecia um ótimo plano.

Cheguei em casa e mãos à obra. Rabiscando ideias, escolhendo música, pensando em *storyboard*, viajando nas mil possibilidades que estavam lá na minha frente. Tudo parecia ir muito bem. Até minha mãe aparecer para trazer um lanchinho para mim – que não tinha jantado.

"MÃE! EU SEI ME CUIDAR!"

O lanche quase foi para o chão. Que tipo de ser não sabe que eu sei me cuidar? Sai fora, pô!

"Filha, você está bem?"

O papel, já amassado, foi arremessado na direção dela. Um simples aviso de que estava totalmente bem. Ela saiu, recuperei o papel e comecei a pensar de novo no vídeo.

Mas agora ficava com a minha mãe na minha cabeça. Que saco! Preciso focar! Tenho que entregar logo menos!

Escutei ela saindo do banheiro e quase pirei de novo! Aí me dei conta: vixi, TPM está na área. Minha mãe não tem nada a ver com isso! Coitada!

Dias depois, na faculdade, o professor perguntou como estava indo o projeto. "Sério? Quer se intrometer agora?! Você que colocou esse prazo ridículo! O projeto está indo bem porque nós somos f*#@! E você é um babaca! Aparece com trabalho surpresa! Do nada!! E quer saber o que eu acho? Acho que você é um folgado!!"

Antes que o bicho pegasse mais, uma das minhas amigas me tirou de perto. "Miga, sua TPM está atrapalhando. Quer que a gente assuma o projeto? Você fica em casa, quietinha, na sua."

Dá para imaginar, né? Quase a matei! Eu consigo! Não é a TPM que vai me impedir de fazer alguma coisa.

Mas acho que tinha que admitir. Aquela TPM estava mais forte que as outras. Podia ser porque meu ritmo de vida estava muito mais intenso, e aí tudo vinha com mais intensidade. Respirei fundo. É só controlar essa onda de hormônios. O resto fazemos de boa.

Parecia uma missão impossível: era preferível fazer mil projetos surpresa do que controlar os hormônios. E é um saco! Eu não sou assim! Não faço essas coisas! Que saco essa TPM! Será que é assim a TPM na faculdade? Vai ser desse jeito o tempo todo? Vou ser presa se continuar assim!

Precisava achar uma maneira de controlar os hormônios mais intensos, que às vezes aparecem na nossa vida. Google, meu amor, como faço isso? E lá vieram 3.040.367 respostas, que apareceram em 0,21 segundo. Bom, alguém deve saber como resolver isso. Porém seria mais fácil ser mais específico: "TPM na faculdade". Não, ninguém ia falar disso. "TPM mais intensa." Opa, alguns resultados mais promissores que não incluem matar a mãe e todo mundo que lhe perguntar alguma coisa. O problema era a rotina mais intensa e pesada. "TPM e alteração de rotina." Agora sim, muito mais informação!

Exercício era sempre uma opção. Mas como encaixar um exercício regular nessa rotina de estudo, trabalho, faculdade, festa? Dos 3 primeiros não posso abrir mão. E o último, não quero. Bom, exercício está fora, por enquanto.

Comer bem e saudável. Sério, Google? É isso mesmo? Além de sofrer tudo isso, ainda tenho que comer salada e pepino? Sem chance. Nessa fase da vida não rola.

O que fazer?

Homeopatia? Custa caro.

E a pílula anticoncepcional? Parece uma boa opção. Preciso descobrir! Mas será que vai fazer efeito até o dia de apresentar o trabalho?

Resumo da história: passei tanto tempo estudando e pensando em como amenizar uma TPM mais intensa que os dias se passaram, fizemos qualquer coisa e apresentamos. E, claro, o professor achou uma obra de arte que retratava a natureza interna da mulher.

Não sei se era isso que queríamos passar, mas acabamos passando. E eu sobrevivi: assim como sobrevivi a todas as TPMs da minha vida. ■

TPM e *TPM*, pra que te quero?

Parece louco, mas e quando tenho que gravar para o *TPM* e estou de TPM? Dá um bug na cabeça? Como é o meu trabalho, naturalmente, em alguns dias do mês estou lá cozinhando, apresentando e pensando em tudo! E, claro, de TPM!

Tem uma coisa que não conto para quase ninguém, mas para você tudo bem! Você vai entender... quando eu apresento o *TPM*, estou no momento mais feliz e realizado da minha vida! Fico MUITO feliz mesmo. Acho que isso já deu para perceber...

Porém, tem dias que você fica cansada. Tem aqueles dias de TPM que você simplesmente não tem força de vontade, que não consegue nem pensar direito. Sempre que possível, tiro esses dias para não gravar e trabalhar em outras coisas: novos projetos, novas parcerias etc.

No entanto, nem sempre é possível "tirar um dia de folga". Então tenho que apresentar e cozinhar! E cozinha, para mim, é energia nas mãos. Muitas vezes quando vou cozinhar e estou abalada, a receita dá errado. E tenho que refazer. Já teve dias que tive que refazer 3 vezes um pão de ló!! Dá para acreditar? A energia não estava boa. Em dias de TPM, às vezes isso acontece.

Imagine você num dia de TPM brava tendo que ir à frente de um auditório ensinar milhares de pessoas a fazer algo. Se você estiver de saco cheio, ninguém vai prestar atenção. Então você tem que estar bem. Tem que estar feliz! Sorrindo! Animada! E por mais que ame fazer o que esteja fazendo, tem horas que não está tão alegre assim. Difícil, né? Tem vezes que só filmamos a receita e deixamos para gravar eu falando no dia seguinte. Assim dá tempo de mudar um pouco os hormônios e eu fico mais calma. É difícil!

E o pior: no começo, eu não queria aceitar ser derrotada pela TPM tendo um canal chamado *TPM, pra que te quero?*!!! Seria um absurdo, né? Hehe. Mas tudo bem, gente. Tem dias que queremos silêncio, queremos paz e não adianta insistir. Temos que nos conhecer muito bem para deixar rolar sem sofrer. E conversar com nossos parceiros de trabalho! Nessas horas, trabalhar com seu marido é muito bom!! Ele sabe tudo e topa tudo. Nem adianta brigar.

Em alguns lugares do mundo, existe a licença-menstrual. Você pode tirar um dia, ou até mais para trabalhar de casa. Mais gostoso e menos sofrido, né? Aqui no Brasil, existe um projeto de lei que quer implementar a licença-menstrual. Ainda não rolou, mas me parece algo bom! Muitas vezes, nas mulheres com TPMs mais intensas, a produtividade cai significativamente. Em vez de se estressar com tudo isso e não trabalhar, você vai para casa, relaxa, e no dia seguinte volta com pique para trabalhar o equivalente a dois dias. Fica bom para todo mundo! Amor, posso tirar minha licença-TPM hoje? ■

TPM coletiva

MÃE, VOCÊ TAMBÉM ESTÁ DE TPM?

Bem no começo da minha vida menstrual (adorei esse termo!), tinha ouvido falar que, com a convivência, os ciclos se alinhavam e as mulheres passavam a menstruar em um período semelhante. Até aí, tudo bem. Porém, eu nunca poderia imaginar que eu, minha mãe e minhas amigas mais próximas menstruaríamos quase no mesmo dia. Mal poderia imaginar que, além da nossa menstruação, a nossa TPM, um dia, estaria alinhada. Parece até loucura, né? Mas não é.

Era uma manhã de sábado quando eu e a minha mãe decidimos sair para andar de bicicleta. Só para esclarecer: minha mãe é atleta, pratica exercícios todos os dias, por muito tempo. Eu... Bom, melhor continuar a história, né?

Lá fomos nós, juntas e a princípio muito dispostas. Eu sou muito desastrada e estava morrendo de medo de cair e me machucar. Já a minha mãe estava cheia de vontade de subir na bike e desbravar o mundo por aí. Péssima junção de fatores, né? Saímos de casa e seguimos viagem até a ciclofaixa. Até então tudo certo. Após cinquenta minutos de pedaladas, sol quente, capacete, falta de preparo e muito cansaço, tive que parar. "Ju, tá brincando, né? Não andamos nem uma hora!" Se não fosse a minha mãe, juro que daria meia-volta e iria embora. Mas é ela, então vou respirar fundo e responder com toda a educação que ela me deu. "Ai, mãe. Andar de bike não é para mim. Quero voltar para casa" – um pouco mimada, eu sei. Claramente ela ficou irritada e disse que iríamos seguir viagem (voltamos no tempo e, nesse momento, eu me vi com 5 anos novamente). Eu disse que não ia. Ela disse que ia. Comecei a chorar. Ela começou a chorar porque eu estava chorando e porque, por algum motivo, não se sentia uma boa mãe naquele momento. Mãe, para de chorar. Filha, por favor, pare. Largamos as bicicletas, sentamos em um banquinho que tinha perto e nos abraçamos bem forte. Era como se algo em comum permeasse entre nós e nos fizesse ocupar o mesmo lugar. Estávamos frente a frente, de igual para igual. "Mãe, por que estamos chorando?" "Não sei. Sério."

"Você está de TPM?"

Ah, era a TPM. E há quem ache que a TPM vem para o nosso mal, né? Há quanto tempo não me sentava no colo da minha mãe e não sentia esse amor tão genuíno e despretensioso. Às vezes só queremos um colinho, um motivo para ficar perto. A TPM foi o nosso motivo. Como muitos momentos em que nos olhávamos e já sabíamos o que era. Um olhar bastava para nós duas.

Te amo, mãe. Obrigada por dividir o seu momento mais difícil do mês comigo. Ah, um superobrigada especial ao meu pai e ao meu irmão que se esforçaram de verdade para entender. Amo vocês também. ■

TPM e noivado

Sempre acreditei que a base para um bom relacionamento é o diálogo. É saber falar honestamente para o outro tudo o que se passa dentro de você. Tá bom, não precisa falar tudo. É importante também mantermos a nossa individualidade quietinha.

Mas foi diante desse princípio básico que eu e o Victor aprendemos a nos relacionar. Sim, aprendemos. Nada vem pronto e mastigado, tudo é aprendizado. Pensa só comigo: eu, Juliana, fui criada pela Vera e pelo Marcos, que, sucessivamente, foram criados pelos meus avós. O Victor, foi criado pelos pais dele, que também foram criados pelos avós deles. Ufa! Muita gente criando muita gente, né?

Pois é. Agora imagina que um pai e uma mãe, além da bagagem de vida que carregam, levam dentro de si medos, anseios, dúvidas, vontades e verdades. Dessa forma, somos uma bela mistura dos nossos pais, irmãos, amigos e de todo o meio em que vivemos. Então de repente, 2 pessoas diferentes, de famílias e histórias diferentes, se encontram e, dessa forma, tentam viver e conviver juntas. Difícil, porém nada impossível.

Eu e o Victor começamos conversando desde cedo. Dividimos a nossa história, todos os nossos planos, todas as nossas vontades e, claro, todos os nossos medos. Ficamos cara a cara, jogando limpo, de igual para igual. Fizemos as pazes com nós mesmos antes de começarmos. Contei a ele sobre a minha TPM, meu inchaço e a minha cólica que me deixa bem irritada por um dia. E ele me contou sobre a mania de organização que eu aprendi muito a admirar.

O tempo passou e resolvemos juntos dar um passo além. Decidimos nos casar. UAU! Eu, casando? Que lindo, que sonho. Lá fomos nós planejar a nossa vida a dois. Onde vamos casar? Na casa, no campo, na cidade, na Lua? Hoje em dia, casar não tem muito limite, não. Tudo depende do seu dindim.

Queríamos algo íntimo e que representasse bem quem somos. Queríamos que tivessem fotos nossas espalhadas pela festa, boa comida e, principalmente, que os nossos amigos e familiares aproveitassem MUITO o nosso dia. Porque nós somos assim.

Olha, não vou dizer que todo o processo foi fácil. Dá um medo gigante de não dar certo, de não dar o dinheiro, de alguém não ficar feliz, de não agradar 100% das pessoas, de se decepcionar com elas. Mas, sabe, em momento nenhum tivemos medo ou dúvidas sobre nós dois. Na verdade, quando vinha o nó na garganta, eu olhava para o Victor e entendia tudo novamente. Vai passar. BINGO! Entendi o significado real do casamento.

Eu poderia casar em Marte, nas estrelas ou até mesmo dentro do meu quarto. O mais importante era a fortaleza que juntos construiríamos e toda a história linda que ainda estava por vir. Ter o Victor fazia o meu coração bater calminho.

A TPM fez parte de todo o processo. Me fez chorar quando não devia, me fez chegar aos meus extremos com mais facilidade, e também fazer a clássica tempestade em copo d'água. Mas ó, eu não a dispensaria, não. O drama em excesso nos faz parar, respirar, entender e começar de novo.

Obrigada, TPM. Tô vendo que você é parceira mesmo, hein? ■

Canon
CANON ZOOM LENS EF-S 18-55mm 1:3.5-5.6 IS STM
EOS
T5i

TPM NO YOUTUBE!

Muita gente já conhece a história do canal, mas foi muito mais simples do que você pode imaginar! Senta que lá vem história! Eu tinha muita TPM (isso dá para imaginar, já que estou escrevendo um livro sobre isso). E minha solução para sobreviver a esses dias infernais era correr para a cozinha e fazer algo gostoso. Minha avó é uma cozinhera incrível e sempre me ensinou muita coisa. Então, no desespero, era mais que tranquilo pôr a mão na massa e fazer um suspiro. (Ah, suspiro! O doce que mais amo na vida!) E, paralelo a isso tudo, eu sempre quis ser apresentadora de televisão.

Via essas mulheres sensacionais que tanto admiro apresentando programas de televisão e sonhava em ter o meu um dia. Fiz aulas de teatro, entrei na faculdade de Rádio e TV... tudo para me jogar nesse meio. Porém eu sempre escutava: "Mas você não tem experiência nenhuma!". ÓBVIO! Ninguém me deixa tentar! Se alguém me desse um programa para apresentar, eu passaria a ter experiência e aí poderia ser chamada para outras oportunidades! Fez sentido?

Nesse tempo, com a crise dos 20 anos aparecendo, eu e o Victor, na época meu namorado, começamos a pensar em criar algum programa de televisão que eu apresentasse. O Victor filmaria um piloto, nós tentaríamos vender, e pronto! Teria a experiência que todo mundo queria e um programa para apresentar.

O Victor me ligou um dia cedo e falou: "Já sei! Um programa em que você e uma pessoa vão visitar restaurantes, conhecem o prato principal, e o chef os desafia a reproduzir o prato sem saber como fazer os processos! E você que já entende de cozinha vai se sair superbem, e a outra pessoa, que não entende nada, vai sambar para tentar fazer qualquer coisa que ao menos se pareça com o prato".

Na mesma hora eu AMEI! Achei incrível. Mas quem seria essa outra pessoa? Pensamos, pensamos e aí veio na minha cabeça: "Mor, tem que ser você! Você não entende nada de cozinha!". Acho que ele não gostou muito do "elogio" que eu fiz, mas entendeu que fazia sentido. Pô, vamos fazer isso dar certo! Precisamos de um restaurante, de uma equipe, de câmeras, de som, de edição. O projeto ficou incrível! Chamava "Assim como feijão com arroz". Era lindo: eu e o Victor apresentando. Filmamos o piloto na Casa do Araújo, um restaurante ótimo do nosso amigo Gustavo. Havia umas 10 pessoas na equipe. Imprimimos fôlderes e editamos o piloto. Tudo lindo e maravilhoso. Juntei tudo que sempre quis na vida.

Então o Victor mandou a real: "Só falta um detalhe: vender esse projeto". Gastamos toda a nossa energia e todo o nosso dinheiro para arranjar entrevistas em canais e apresentamos para os mais diversos produtores. Todo mundo gostava muito! Mas falavam: "Vocês não têm experiência, quem vai confiar em um casal recém-formado?".

Aí nossas esperanças foram para o lixo. Tanto trabalho para tanta decepção. Ninguém queria. Ninguém achava que daríamos conta. E teria que ter um monte de gente na equipe, ia custar caro, tinha que ter diretor famoso e contratado do canal... enfim, um monte de burocracias.

Ficamos mal. Muito mal. Mesmo. Parecia que nossos sonhos e nossa única esperança na vida tinham sido arremessados no fogo, destruídos. Sério, ficamos muito tristes e não sabíamos o que fazer. Imagina colocar todo o seu empenho em algo, por muito tempo, e ver dar errado?

Quando resolvemos aceitar que tinha dado errado (porque isso demora também), sentamos no meu quarto na casa dos meus pais. Foi triste. Choramos muito. Parecia que não tínhamos sido feitos para produzir algo legal, algo que queríamos. Parecia que o universo queria nos ferrar. Poxa, fizemos com tanto amor e carinho! Por que não deu certo?

E combinamos uma coisa: vamos focar nossas forças em outros projetos. Mesmo que doa muito. Vamos olhar para a frente, porque viver do "Assim como feijão com arroz" não vai dar certo.

Nessa fossa em que estávamos, parecia que não teria uma luz no fim do túnel.

Entretanto, um dia eu acordei inspirada. Liguei para o Victor: "Mor! Vou criar uma página de receitas no Facebook! Vai se chamar *TPM, pra que te quero?*! O que você acha?". O Victor disse de pronto: "Faz agora que eu já vou curtir!". Criei na hora, ele já curtiu a página e disse: "Precisamos de um logo!".

A principal coisa que queríamos: um projeto que envolvesse culinária, apresentado por mim, e, o mais importante, que dependesse apenas de nós dois. Assim não iríamos nos frustrar!

E começamos o *TPM* no Facebook. Um tempo depois, achei que seria bom ir para o YouTube "só para ninguém roubar o nome" (quem diria, hein?). E foi assim que fomos para o Instagram também.

★★★

Para quem acha que começamos bombando, com câmeras incríveis e tudo que tem direito, sugiro assistir ao primeiro vídeo do canal! Um brigadeiro especial que fiz. Não tinha tripé, então eu colocava a câmera em um banco em cima da pia. O Victor ainda não me filmava.

Então eu dava REC e corria para apresentar. Eu tinha que colocar os ingredientes com uma mão e segurar a câmera com a outra. Dá para imaginar como ficava tudo fora de foco? Então, ficava ruim. Eu não tinha um bom editor de vídeos, só aqueles que vêm com o próprio computador. Usava uns efeitinhos toscos. Fazia vídeo quando tinha vontade. Editava quando dava tempo. Era bem bagunçado mesmo (e você sabe que eu consigo ser muito desorganizada!). Mas o importante era, entre uma coisa e outra, pensar no canal... quer dizer, na página do Facebook.

E aí começaram a surgir uns likes de pessoas que eu não conhecia! Isso foi uma sensação maluca! Essa pessoa nunca me viu, não me conhece nem nada, mas entrou no *TPM*, gostou e deu like! Eu comemorava cada curtida que vinha. Ligava para o Victor: "Amor! Chegamos a 500 seguidores na página!! É mais do que eu tenho de amigos no Facebook!".

Essa brincadeira começou a dar certo. Tinha gente que gostava das receitas, tinha gente que gostava de mim. E eu não entendia muito bem! Uai, mas por que eu? Tem tanta gente! É, minha autoestima era meio baixa (e continua um pouco...). O Victor brigava comigo: "O *TPM* é incrível! Por isso que está dando certo!".

Era uma luz no fim do túnel. Era uma saída de um projeto que tinha dado muito errado. Era uma maneira de eu pensar em outras coisas. E, principalmente, era uma maneira de dividir com outras pessoas as minhas idas à cozinha para fazer um brigadeiro especial com leite em pó.

★★★

E então existia o *TPM*: uma página no Facebook com alguns tantos likes. Comecei a postar uma vez por semana as receitas na página. Quais receitas fazer? Como postar para atingir mais pessoas? Será que crio um site também? Vale a pena postar no YouTube e no Facebook? Preciso me profissionalizar? O formato dos vídeos funciona em todas as redes?

Como eu tinha trabalhado em agência de publicidade, sabia que deveria ir sempre para a frente. Com 20 mil likes surgiu a oportunidade de fazer uma parceria com um supermercado. Eles me davam 600 reais em compras todo mês para eu colocar o logo deles e mostrar os seus produtos em todos os vídeos.

Agora era sério. Sério demais!! Tem uma empresa pagando para eu usar os produtos deles!! CARAMBA! Alguém assiste ao *TPM* e gosta tanto a ponto de nos dar alguns produtos?!

Naquela época, o Victor, já cansado da produtora na qual trabalhava, resolveu sair para ficar só comigo no *TPM*. Combinamos que tínhamos seis meses para trabalhar sem precisar de um salário, mas depois disso precisaríamos dar um jeito de ganhar dinheiro para viver.

O canal então precisava melhorar. O Victor começou a me filmar e passou a editar os vídeos. Ele fez faculdade de cinema e manjava mais disso do que eu. Os vídeos começaram a ficar melhores. Ainda sem luz, sem microfone, sem tripé. Só uma câmera.

Com o Victor, começamos a estudar os bons canais de culinária e percebemos que tínhamos que participar da Tastemade, a maior *network* de gastronomia do mundo.

Mandamos e-mail, conversamos por Skype, e, simples assim, eles aceitaram que fizéssemos parte da rede. Na época, foi uma das grandes conquistas da vida! Começamos a fazer parte de eventos no Google, a conhecer esses youtubers incríveis, a ter acesso a músicas diferentes, um suporte bacana. Só que o nosso canal tinha mil inscritos. E a Tastemade era uma network de YouTube. Opa, precisamos trabalhar esse tal de YouTube!

E essa parada começou! A brincadeira já era uma verdade! Mas eu sempre digo: começar é fácil, difícil é continuar. O que temos que fazer agora?

Já éramos um canal no YouTube, com página no Facebook e conta no Instagram. O que fazer agora? Poderia continuar igual ao que sempre fazia? Óbvio que não! Agora (e sempre) era a hora de avançar. Não podíamos ficar parados. Tínhamos que, no mínimo, fazer muito bem o básico.

"Precisamos de uma luz", o Victor disse. "E de um microfone." Foi uma das primeiras grandes melhorias do canal! Mas não pense que era uma luz incrível. Era um holofote de 1.000 W (tipo, MUITO quente). Uma luz amarela, forte pra caramba, que tínhamos que rebater no teto da cozinha para não ficar tão forte. O microfone era bom (usamos o mesmo até hoje, acredita?).

Sempre lembrando que, para a internet, dá para fazer com muito menos sem deixar perceptível. Tem que ficar bom, mas não é preciso muito dinheiro para fazer!

Enquanto melhorávamos a parte técnica do *TPM* (luz, som, lente, batedeiras etc.), eu precisava melhorar como confeiteira também! Não tinha feito nenhum curso até então; lia livros, falava com a minha avó, e era isso. Por sorte, puxei algo muito bom do meu pai: sou um tanto autodidata. Comecei a comprar livros e mais livros de confeitaria, livros em inglês, livros em francês. Eu estudava, lia, pensava, criava em cima disso. Fazia minhas versões dos doces mais fáceis e comuns. E, claro, mostrava para o público! Comecei a me aperfeiçoar tecnicamente na cozinha. Sério: a prática é uma das melhores formas de evoluir. Eu estudava e já corria para a cozinha pra testar! Até que o Victor começou a pedir: "Vamos filmar esses testes! Se derem certo, editamos e subimos. Se derem errado, tudo bem, só apagar". Nós brincamos que até hoje fazemos dessa maneira!

Além dos equipamentos e da minha habilidade, tinha um fator que poucas pessoas dão atenção, mas que é MUITO importante: o formato. O que é o formato do vídeo? É basicamente assim: começo falando o que vou fazer e depois mostro o que estou fazendo? Ou filmo tudo "ao vivo": fazendo e filmando ao mesmo tempo? Ou filmo só a receita e depois edito? Ou filmo só as mãos sem fala alguma? Essa parte não tem mistério. É acerto ou erro... vai testando! Os vídeos do Facebook não funcionam no YouTube, e o inverso também é verdade! No Facebook quase ninguém escuta o áudio, então não adianta eu falar lá. E no YouTube não adianta eu fazer um vídeo de um minuto, já que lá as pessoas querem me escutar falando sobre a receita também! Então quer dizer que vocês fazem 2 versões do mesmo vídeo? Não! Hoje em dia, fazemos 4: uma versão completa para o YouTube, comigo falando; uma versão "teaser" para o Facebook, só com imagens da receita; uma versão de quinze segundos para o Instagram, só com as melhores cenas; e uma versão de minuto com todas as informações da receita. UFA! Chegamos nisso depois de muito teste... então fiquem tranquilos. Se querem ter um canal: tem que testar para descobrir o que funciona e o que não.

Nessa onda de se profissionalizar, faltava um ponto importante: era preciso ser uma empresa para poder ser contratada por outra. O Victor cuidou dessa parte e abrimos nossa empresa do *TPM*. O nome foi escolhido de propósito: um projeto que, só depois percebemos, nos deu muita força e direção para onde queríamos ir. Um projeto que mostrou que precisávamos ser fortes para poder criar algo melhor ainda. Nossa empresa se chama Feijão com Arroz. ♥ Quando tudo parece que vai dar errado, geralmente isso se transforma em estrutura para você poder crescer mais ainda e subir na vida.

Até hoje continuamos nos aperfeiçoando cada vez mais. A chave é nunca achar que está perfeito. Porque sempre dá para melhorar. Sério, sempre. Pense em novos formatos, novos equipamentos, novas técnicas, novas receitas e, por que não, novos assuntos. Um canal que chama *TPM, pra que te quero?* pode falar sobre vários assuntos do universo feminino, não é? Se você concorda, manda um direct no Instagram e me conta! Adoraria saber o que você gostaria de papear no *TPM*! ♥ ■

YouTube

Esta parte é um parêntese no livro, mas como muitos dos meus leitores me conhecem do YouTube, e quase todo mundo quer ter um canal para dizer algo, aqui vão algumas dicas bacanas que separei para você!

* Fale de algo pelo qual você seja COMPLETAMENTE APAIXONADO.

★★★

* Não ache que já está saturado. Tenha certeza de que NÃO TEM NINGUÉM COMO VOCÊ falando do que você ama.

★★★

* FALE PARA ALGUÉM. É importante saber para quem você está fazendo seu vídeo. Para seus pais? Para amigos? Para mulheres? Para garotos no colégio?

★★★

* Faça um primeiro vídeo que você consiga fazer de novo, toda semana. Não adianta se matar para alugar uma câmera incrível, com mil equipamentos, gravar um vídeo incrível, e não conseguir repetir na semana seguinte. Comece por baixo: UM CELULAR JÁ RESOLVE.

★★★

- Seja assíduo: SUBA VÍDEOS CONSTANTEMENTE. Se você prometer vídeo toda semana, suba toda semana, no mesmo dia e no mesmo horário. "Mas quando é bom soltar?" Depende! Tem que testar!

★★★

- CONVERSE COM SEU PÚBLICO. "O que vocês gostam? O que vocês esperam? E se eu fizer assim? Fica legal?"

★★★

- Se você tem dificuldades mais técnicas, procure alguém que o ajude com isso. E faça UM PACTO PARA SE AJUDAREM. Assim todo mundo ganha.

★★★

- **NÃO ABRA UM CANAL PARA FALAR DE TUDO.** Quando você tenta falar de tudo, acaba não falando de nada. O *TPM* é um canal de receitas, principalmente doces, para mulheres que estão nos dias de TPM. Apesar de milhares de canais de culinária, não tem nenhum nesse nicho, entendeu?

★★★

- **CADA VÍDEO É UMA LIÇÃO.** O logo ficou legal? O ritmo ficou bom? Ficou cansativo? Curto demais? Longo demais? E se eu começar com outra cena e depois aparecer falando? Devo usar vinheta? Quem vai fazer isso para mim?

★★★

- Não largue tudo para abrir um canal. Primeiro abra o canal, brinque com ele. Quando começar a dar mais dinheiro que o seu atual trabalho, então pense em fazer a transição devagar. **TRABALHAR NO YOUTUBE É TER MUITOS ALTOS E BAIXOS**, portanto esteja preparado para isso. ■

O QUE É TPM?

Alguns dizem que TPM significa Tô Puta Mesmo. Outros dizem que é o período mais foda do mês. Opa, quem disse isso? Estou de acordo. Pois é, todo mundo brinca, mas ninguém sabe ao certo o que é. Tudo bem, estou aqui para tirar todas as suas dúvidas.

TPM significa **T**ensão **P**ré-**M**enstrual. Ela antecede a menstruação, tendendo a passar após ficarmos menstruadas. Mas convenhamos que não somos todas iguais, por isso cada uma tem um funcionamento diferente. Se você sente os sintomas da TPM mesmo após menstruar, ou até mesmo por muito mais tempo, é interessante procurar o seu ginecologista para um bate-papo. Na verdade, em todos os casos, o seu ginecologista deve ser o seu melhor amigo. Sério. Conte tudo a ele! Isso é importante.

Mas espere só um pouquinho. Por que sentimos tantas coisas esquisitas ao mesmo tempo? Tipo: dor de cabeça, inchaço, vontade de mandar todo mundo para aquele lugar, vontade de chorar, peitos doloridos pra ca$%#@, vontade de querer resolver a vida em um dia, mas sem força nenhuma para isso?

A realidade é que nada disso aí é uma invenção da sua cabeça ou algo do tipo. MUITO pelo contrário! Durante o período menstrual, ocorre dentro de nós uma mudança hormonal que afeta diretamente o nosso sistema nervoso central. Durante a fase lútea, a que antecede a menstruação, o corpo produz uma grande quantidade de estrógeno e progesterona, atuando sobre o neurotransmissor serotonina, hormônio responsável pela sensação de prazer e bem-estar. O tal hormônio da felicidade.

É por isso que sentimos tanto desconforto físico e psíquico. Agora vamos lá! Todo mundo nos ensina como se usa um absorvente, mas quase não se fala em ciclo menstrual, não é? Você sabia que passamos por 3 fases diferentes no mês?

Nosso ciclo menstrual é caracterizado pela fase folicular, a fase fértil, pelo período lúteo, e assim sucessivamente. A fase menstrual se inicia no primeiro dia da nossa menstruação. Nesse momento, os hormônios progesterona e estrógeno estão baixos e a parede do endométrio está fina, devido à descamação do útero. O fluxo maior acontece nos dois primeiros dias. Acredita-se que 70% da perda de sangue aconteça nesse período. Depois, com o passar dos dias, o fluxo passa a diminuir. Nessa fase, tendemos a ficar sem energia e sem vontade para nada. É o momento ideal para descansar, assistir a um filminho e, principalmente, receber muito carinho. Aproveite para se recolher.

Ao contrário do homem, que produz seus espermatozoides continuamente, nós, mulheres, nascemos com um número contado de óvulos. Contados, mas nem tanto. Viemos ao mundo com cerca de 450 mil óvulos, e a menstruação só termina quando eles acabam, claro. Peraí, em qual número será que eu estou?

Nesse primeiro período menstrual, recebemos uma avalanche de estrógeno, hormônio responsável pela ovulação. Nessa fase, além dessa função, o estrógeno também é responsável pela "preparação" do útero para uma possível gravidez. Com o amadurecimento do óvulo e a sua expulsão, acontece a ovulação. Essa etapa pode causar dores, como pontadas na parte inferior do abdômen. Para algumas pessoas, pode parecer até que você está tendo uma crise de apendicite, mas fique tranquila: é só uma dor de ovulação.

Com o seu útero espesso e esponjoso, a tal "caminha para o bebê", como já dizia a minha mãe, o óvulo percorre a trompa de falópio até chegar ao útero. Caso esse óvulo não tenha sido fecundado no período fértil, o útero rejeita o revestimento formado e provoca um sangramento, causado pela contração dos vasos sanguíneos. PÁ! Chegou a tal menstruação. Agora é a hora de colocar os tais absorventes. Mas calma! Se você não sabe qual colocar, vou lhe explicar tudo lá na frente.

"Nunca sei quando deve vir a minha menstruação. Isso é um problema?"

Nos dois primeiros anos, com os ajustes dos hormônios, é normal a menstruação vir irregular. Porém é considerado normal menstruar a cada três, quatro e cinco semanas. Ou até menstruar em um mês e pular o próximo. Com o tempo, a menstruação passa a ser mais constante. É importante prestar atenção no seu ciclo e dividir essas informações com o seu ginecologista.

Como estou aqui para facilitar a sua vida, montei um calendário bem legal para você anotar o seu ciclo menstrual.

Manda ver! ■

CALENDÁRIO

ciclo menstrual

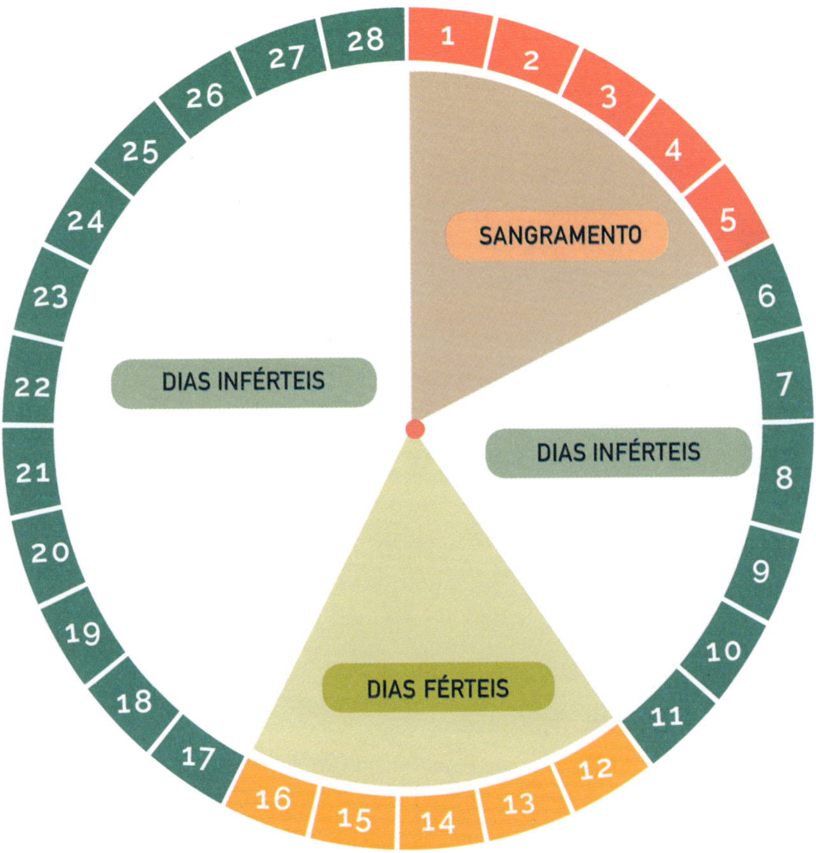

Essa tabela serve para você entender como funciona um ciclo de 28 dias. ☺

Essa tabela serve para você assinalar o primeiro e o último dia da sua menstruação. É muito bom para entendermos melhor sobre o nosso ciclo e o nosso curso. Ei, não esqueça de dividir essas informações com o seu médico ok?

	1	2	3	4	5	6	7	8	9	10	11	12	13	14	15	16	17	18	19	20	21	22	23	24	25	26	27	28	29	30	31
jan.																															
fev.																															
mar.																															
abr.																															
mai.																															
jun.																															
jul.																															
ago.																															
set.																															
out.																															
nov.																															
dez.																															

Sintomas da **TPM**

"Tenho cólicas, inchaços, dor de cabeça, vontade de chorar, entre outros sintomas. É normal?"

Sim, absolutamente normal. A literatura médica diz que existem mais de 200 sintomas que fazem parte do nosso período pré-menstrual, como inchaço, irritabilidade, retenção de líquido, dor de cabeça, cólicas, entre várias outras. Todos esses sintomas variam de mulher para mulher. Algumas podem ter apenas dores de cabeça e outras podem ter muitos desses sinais.

É importante dizer que os sintomas podem ser tanto físicos quanto psicológicos. Para que isso fique bem claro, fiz 2 tabelas para exemplificá-los. Aproveite e marque a seguir qual o nível de incômodo de cada sintoma para você. Depois leve a tabela para o seu ginecologista e discuta cada ponto com ele. Isso é fundamental para a qualidade da sua saúde e do seu bem-estar. Pode confiar em mim!

Sintomas físicos	
Dores e inchaços abdominais	
Diminuição da libido (desejo sexual)	
Acne, principalmente na aréa do queixo e pescoço	
Inchaço nas extremidades do corpo (principalmente nos pés)	
Tonturas e desmaios	
Seios doloridos	
Baixa imunidade	
Alterações no apetite (perda ou aumento da fome)	
Dor de cabeça forte	
Prisão de ventre ou intestino solto	
Sono	

Sintomas psicológicos	
Irritabilidade	
Angústia	
Mau humor	
Depressão	
Ataques de choro	
Nervosismo	
Ansiedade	
Dificuldade de concentração	

TPM É UM

PROBLEMA?

PARA TUDO! Quem foi que lhe disse isso, menina? Se livre JÁ desse pensamento para ser feliz! A TPM faz parte da nossa vida e, se aprendermos a lidar com ela da maneira mais natural possível, seremos muito mais felizes e bem resolvidas. Mas espere aí! Em vez de mandar as pessoas inconvenientes para aquele lugar, fizemos cartões nada fofos para você entregar para quem incomodá-la. Vamos juntas nessa?

Não me pergunte se TPM existe.
Estou nela e posso não responder por mim.

Cuide
da sua vida
que eu cuido
da minha.
Obrigada.

TÔ
PUTA
MESMO.

Alguém perguntou alguma coisa a você?

MÉTODOS NATURAIS PARA AMENIZAR A TPM

ACUPUNTURA

Meu pai é médico e também acupunturista. Já salvou muitos pacientes de dores intensas, falta de sono e até ansiedade aguda. Além disso, já salvou a mim e a minha mãe de muita TPM. Acupuntura é uma técnica milenar presente na medicina oriental e é considerada um dos tratamentos médicos mais antigos do mundo. UAU! Agora a pergunta que não quer calar: o que a acupuntura pode fazer por você?

Acredite, ela é capaz de fazer milagres! Sua função é muito clara: liberar energia estagnada no seu corpo. Segundo a medicina chinesa, a energia parada resulta em doenças e disfunções do corpo. Ao longo dos anos e após diversas pesquisas, foi possível perceber que a acupuntura libera hormônios, tem ação anti-inflamatória e efeito analgésico.

A acupuntura provoca a liberação de alguns hormônios que, em geral, durante a tensão pré-menstrual, ficam em baixa, como, por exemplo, a endorfina, a dopamina e a serotonina. Dessa forma, nos sentimos mais calmos, positivos, relaxados e as dores vão melhorando ao longo das sessões.

"Mas eu morro de medo de agulha!"

Pode ficar tranquila! A acupuntura auricular, feita a partir dos pontos de energia na orelha, veio para salvar a sua vida. Ela é feita por minissementes que são inseridas na orelha do paciente e, assim, estimulam os pontos de energia estagnados no seu corpo. Uma pesquisa feita pela Universidade de São Paulo (USP) comprovou que 20% dos casos de ansiedade foram reduzidos.

Maravilhoso, né? Agora é só alinhar essa prática com o seu médico e procurar um especialista.

MASSAGEM E DRENAGEM LINFÁTICA

Em dias de TPM, a massagem sempre foi uma boa válvula de escape para mim. Sempre que eu me sentia estressada, corria para um massagista. A massagem tem poder relaxante, melhora a circulação do sangue e a imunidade, além de aliviar as tensões e dores musculares. E ainda reserva um tempinho só para você, né?

A drenagem linfática também é superpoderosa para as mulheres que sofrem com a retenção de líquidos no período menstrual. Ela ajuda a drenar o líquido retido durante esse período. Sabe quando você se sente inchada? Nas mamas, na parte inferior do abdômen, nas mãos, nos pés etc.? Então aposte nas sessões de drenagem linfática. O alívio é imediato!

HOMEOPATIA

A homeopatia também pode ser uma grande aliada para ajudar na sua TPM. Ela funciona como uma espécie de espelho: utiliza as mesmas substâncias que provocam os sintomas da doença para promover o alívio ou a cura total. Essas substâncias são diluídas em água até que sobre pouca coisa. Dessa forma, elas irão auxiliar o paciente, e não agravar a situação. A homeopatia pode ajudar na redução de vários sintomas da TPM, tais como ansiedade, depressão, estresse, entre outros.

Se você se incomoda com os efeitos colaterais causados pelos remédios químicos, a homeopatia pode ser uma boa ideia. Mas lembre-se de conversar com o seu ginecologista a respeito. É importante que a medicina ocidental e a oriental caminhem juntas, para, dessa forma, obter um bom resultado.

MEDITAÇÃO E APRENDER A LIDAR COM AS EMOÇÕES

Sempre fui uma pessoa extremamente ansiosa e sempre sofri demais com isso, principalmente na TPM. Os sofrimentos por algo que ainda nem aconteceu (e que muitas vezes nem vai acontecer) me tiram o sono, literalmente. Aprendi com o meu pai que é preciso acalmar a mente para conseguir ouvir o coração. Você deve estar me achando muito clichê agora, mas é uma verdade que fui aprendendo com o tempo. É preciso observar os pensamentos, sem persegui-los, e deixá-los irem embora naturalmente. Tem um professor de meditação que diz que a nossa cabeça é como se fosse o céu. Muitas vezes carregado de nuvens pretas e pesadas, mas que passam e dão lugar ao sol. Com a gente deve ser a mesma coisa: sofrimentos devem vir e ir embora. Naturalmente. Quanto mais perseguimos o nosso pensamento, mais damos espaço ao sofrimento.

Mas afinal, o que é meditar? Meditar é estar presente no aqui-agora. Podemos meditar a todo momento. Durante o banho, lavando a louça, dançando, caminhando. A meditação é a plena consciência do que está acontecendo neste exato momento. Por exemplo: quantas vezes não tomamos banho pensando em como será o dia seguinte? Ou nas contas que temos que pagar? A meditação propõe exatamente o contrário: parar de pensar no depois e prestar atenção no agora. Nos sons à sua volta, nas cores, nas pessoas. Aí você deve estar falando: "Ah, é fácil". Parece fácil, mas é difícil. Somos estimulados o tempo inteiro por imagens, barulhos, pessoas. A mente permanece agitada 24 horas por dia. Porém com treinos diários de acalmar a nossa mente, é extremamente possível viver uma vida mais equilibrada e tranquila.

Comecei a treinar o aqui-agora por meio da respiração. Existem diversos tipos de respiração que passam uma mensagem para o seu cérebro de que está tudo bem com você e que ele pode relaxar agora. Além de fazer você prestar atenção em todos os movimentos do seu corpo enquanto respira. Respira 4, segura 7 e solta 8 já me fez dormir em muitas noites de insônia. Acredite se quiser, é milagroso.

Muitas vezes, durante a TPM, já me peguei desesperada e extremamente ansiosa. Depois que aprendi a respirar, a entender o meu corpo e todo o funcionamento dele, passarinhos voltaram a cantar e, devagar, aprendi a lidar comigo mesma.

Se você se interessou, já é meio caminho andado. Vou lhe ensinar algumas respirações e técnicas para driblar melhor os seus pensamentos e a sua ansiedade.

A primeira é a respiração do 4, 7 e 8. Esteja em um lugar confortável e calmo. Pode sentar com perna de índio ou deitar-se. Comece inspirando profundamente durante 4 segundos. Segure o ar 7 segundos e solte por 8. Solte todo o ar, não deixe nada dentro de você. Repita essa série por mais 6 vezes. Ao abrir os olhos, vai perceber uma leveza instantânea e muita paz. Você passou a mensagem para o seu cérebro de que está segura e que ele pode se acalmar agora. Utilizo bastante essa prática quando estou com insônia. É infalível!

A segunda respiração que eu faço é ótima para fazer deitado. Deite-se em algum lugar confortável. Nesse momento, feche os olhos e inspire profundamente. Sinta o seu abdômen se expandir. Segure a respiração o máximo que conseguir e depois solte com toda a intenção, sentindo o abdômen relaxar novamente. Faça isso até perceber que está mais calma e totalmente relaxada.

Por último, vou lhe ensinar a tentar deixar os pensamentos negativos de lado para dar espaço aos positivos. Feche os olhos, respire profundamente e visualize um objeto que lhe traz plenitude total. Pode pensar em algum animal também. No meu caso, sempre visualizo uma margarida (adoro essa flor). Imagine um quadro todo preto com essa imagem no meio. Sempre que vier uma sensação de medo, insegurança ou ansiedade, visualize essa imagem e inspire profundamente. Preste atenção também na respiração. Se vier algum pensamento, não lute contra ele. Deixe ele vir e ir embora, naturalmente.

Pratique exercícios de respiração um pouquinho por dia. Dizem que o ideal é trinta minutos todos os dias, mas faça de acordo seu tempo e disponibilidade. Acredite em mim: os benefícios são tantos que você vai querer fazer todos os dias e a todo momento.

Boa sorte!

HISTÓRIA DA *menstruação*

Essa tal de menstruação tem muitos anos de história. Dá para imaginar o que se pensava sobre ela tempos atrás? Imagine uma época sem internet, sem livros sobre o assunto, sem muitos conhecimentos, sem poder falar sobre as coisas sem ser enforcado.... Imagine nessa época alguém dizer: "Poxa, vou fazer um livro sobre TPM e ajudar a mulherada que vem aí!".

Dá para concluir que não era muito fácil. Em tempos em que só os homens tinham voz, uma mulher sangrando mensalmente era sinal de fraqueza, de perda. Mas também não era só isso. Em alguns lugares, como na Índia, a menstruação já teve o "poder purificador", até para salvar doenças!

Sério! Seria bem doido: "Estou com febre". "Ah, usa um pouco ali do sangue menstrual que passa." Parece meio nojento, mas é algo tão natural que muitas sociedades fizeram o que deveria ser feito sempre: tratar com naturalidade. Em Roma, o sangue da menstruação era usado também para afastar demônios e até para atrair quem se ama.

Em termos mais biológicos, os gregos (sempre os mais racionais) chegaram a atribuir a ocorrência da menstruação à necessidade de baixar a temperatura do corpo da mulher, ou mesmo para eliminar resíduos que estavam presos ao corpo feminino.

Com o tempo, no século XIX, algumas teorias acreditavam que a mulher ficava fragilizada, fraquinha, sem forças. E por isso tinha que, durante a menstruação, evitar algumas tarefas como dançar, andar de bicicleta, viajar de carruagem... Já imaginou? Hoje em dia trabalhamos mais de oito horas por dia, cuidamos de filhos, dirigimos, pintamos, dançamos, cantamos e fazemos academia no final do dia. Os tempos mudaram, né não? Que bom!

Mas ó, foi só no século XX que começaram a ver a menstruação e todo esse processo mensal que passamos como um mecanismo do corpo "em busca da gravidez". Sim, faz só uns 120 anos que a menstruação começou a ser compreendida. Antes disso, era cada ideia mirabolante que devíamos agradecer por não estar nessa época da Terra!

De qualquer forma, a menstruação sempre existiu e as mulheres sempre sangraram mensalmente. Independentemente se era coisa do demônio ou para atrair o homem desejado, o fato era que de alguma forma era preciso "conter" esse sangue menstrual. Ninguém quer ficar andando manchada por aí, né? Eu também não gostaria de ser uma camponesa da Idade Média.

Cada lugar do mundo começou a inventar o que conhecemos hoje como absorvente: era preciso absorver o sangue para não sujar as roupas ou mesmo para não mostrar ao mundo essa "fragilidade".

No Egito, a mulherada usava papiro (primo antigo do nosso papel sulfite). Colocavam um pouco de ervas para absorver melhor. Para tudo! Usar absorvente já não é fácil. Imagina usar um papel com ervas entre as pernas? SOCORRO! Em Roma, algodão e lã faziam o trabalho de absorver tudo. UFA! Um pouco melhor, mas ainda bem desconfortável. Em outros lugares do mundo, peles de animais faziam o trabalho. "Oi, amiga, você está naqueles dias? Tenho aqui uma pele de carneiro ótima! Dá para correr, pular, dançar e ninguém vai perceber!" "Ah, miga! Obrigada! Hoje estou com pele de lobo!" "MEN-TI-RA! Que BAFO!"

É. Bem bizzaro.

Era também muito comum não usarem calcinhas, ou nada que "protegesse". Uma das teorias é que era preciso deixar "respirar" lá embaixo... AGORA SIM! Que delícia!

Só que, como nada é perfeito, isso trazia um outro probleminha: como colocar os protótipos de absorvente se não usamos calcinha? Alguma ideia? Várias. Uma pior que a outra! Que tal, por exemplo, usar um suspensório que passa pelos ombros e segura o absorvente lá embaixo? Parece prático. Última moda em Paris, né? E se criarmos um cinturão para segurar? Pelo menos não precisa ir até o ombro. Aí fazemos uma calça com um rasgo na região íntima e colocamos o cinturão por cima. Com certeza, muito lindo, prático e confortável. De novo, meninas, vamos agradecer por não existir durante esse período!

Já mais para a frente, perto de uma data que já podemos imaginar melhor, as mulheres começaram a usar panos mesmo, parecidos com as fraldas que usavam antes de existirem as descartáveis. Usava o pano, sujava, depois lavava e usava de novo. Mais prático, mais fácil e muito mais interessante do que um suspensório--absorvente-segura-nos-ombros.

Claro que ainda havia alguns problemas: e se não desse para lavar? Como por exemplo, em uma viagem? Na dúvida, levamos vários e jogamos fora os que sujarem. Mas onde jogar? Não existia uma coleta seletiva de absorventes de pano em 1900 e alguma coisa. O que fazer? Só queimando! Bota fogo nesse pano sujo de sangue menstrual!

Apenas em 1960 apareceram os absorventes adesivos. E aí a vida mudou por completo. Que bom que houve muitos anos de tentativas e erros para chegar hoje nas mais diversas opções de absorventes para nós: de dia, de noite, para a praia, para o frio, para calcinhas grandes, para calcinhas pequenas, para as que menstruam muito, para as que quase só borram a calcinha... tem de tudo e para todas!

Fica aqui o meu muito obrigada para a mulherada que penou muito para que hoje soframos bem menos com as nossas menstruações. E tudo bem, absorvente, agora passei a amá-lo, tá? Vem cá me dar um abraço! Tá, melhor não. ■

A menstruação e as BRUXAS

O ciclo da menstruação dura 28 dias, aproximadamente. O ciclo da Lua também. E, muitas vezes, os ciclos se alinham: ovulação na Lua cheia, menstruação na Lua nova. Um ciclo, igual à vida.

As bruxas, de alguma forma, foram as precursoras do empoderamento feminino. Lutar para que se aceitasse as mulheres como seres normais levou muitas bruxas à fogueira. Seus rituais de aceitação do feminino eram mal vistos pela sociedade patriarcal. Sua luta sempre foi para naturalizar a menstruação, em vez de mantê-la como algo inferior, fraco, sujo. O significado da palavra "menstruação" é, literalmente, *sacer mens*: mensal, menstruação, sagrada.

Esse movimento sagrado era basicamente deixar fluir a vida. As bruxas acreditavam que as mulheres tinham desaprendido a vivenciar a fluidez da vida, aceitando as regras impostas pelo mundo masculino.

É, sem dúvida as bruxas lutaram por coisas incríveis para que nosso mundo fosse o que é hoje: um lugar onde a luta pelos direitos iguais ganhou muita força e poder. A figura das bruxas virou um símbolo da luta feminina. ■

VARIAÇÕES DA SIGLA TPM

Tensão Pré-Menstrual? Acho que podemos encontrar siglas que representam melhor a TPM. Qual é a sua preferida? Aproveite e escreva aqui algumas e mande para mim no **Instagram**!

T__________ P__________ M__________

T__________ P__________ M__________

T__________ P__________ M__________

T__________ P__________ M__________

Tô Puta Mesmo

Tem Pudim, Mãe?

Traz Pra Mim!

Tô Pronta pra Matar!

Tudo Pode Melhorar

Toda Paz no Mundo (#SQN)

Todos os Problemas Misturados

Tenha Paciência, Mana!

Tente Perturbar Menos

Músicas PARA ESCUTAR NA TPM

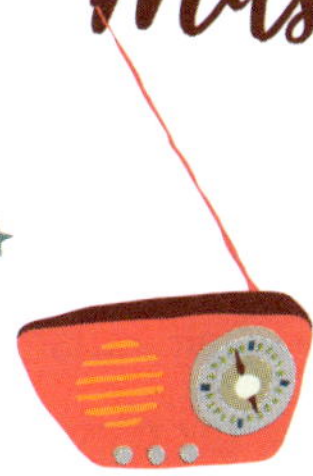

Primeiro vamos esclarecer as coisas. Sou do tipo de mulher que adora uma fossa em dias de TPM. Gosto mesmo de me trancar no meu quarto, ouvir uma música calminha e refletir sobre a vida. Se você é parecida comigo, lhe darei dicas perfeitas para passar esse dia em grande estilo. Se é o oposto de mim, tudo bem também. Fiz uma seleção de músicas bem ecléticas e para todos os tipos de TPM.

✷ **"Girl on Fire", Alicia Keys**

This girl is on fireeeeeeeee!

✷ **"The Scientist", Coldplay**

Para chorar sem parar!

✷ **"Man! I feel Like a Woman", Shania Twain**

Tantantanrararan, let's go GIRLS!

✷ **"Perfect", Ed Sheeran**

Meninas, se preparem! Esta é para chorar MUITO!

✷ **"Valerie", Amy Winehouse**

Esta é para tirar o bumbum do sofá, colocar a música no último volume e dançar MUITO!

* **"Amei te ver", Tiago Iorc**

Se você nunca ouviu Tiago Iorc, já aviso: está perdendo tempo. Além da voz linda, o Tiago tem uma sensibilidade que deixa qualquer pessoa de queixo caído.

* **"Put Your Records On", Corinne Bailey Rae**

Esta é perfeita para colocar no último volume e sair andando pelas ruas, livre, leve e solta! Melhor música para fingir que você faz parte de um supermusical hollywoodiano. Se joga, mulher!

* **"Sing a Song", Earth, Wind & Fire**

Se você ainda não levantou do sofá, experimente colocar esta música para ver o que acontece. Parece até algo involuntário. Coloca aí, vai!

* **"Irreplaceable", Beyoncé**

Esta é para se lembrar dos amores não correspondidos e aproveitar para chorar bastante. Pegue o lencinho e manda ver! Estaremos aqui para você quando acabar. ♥

* **"Big Jet Plane", Angus & Julia Stone**

Trilha sonora para você sentir o que quiser sentir. Ela provoca diferentes sensações dentro de nós. É uma delícia.

Filmes para ver na TPM

Tenho certeza de que a sua conclusão ao final deste livro será de que eu sou uma verdadeira manteiga derretida. Correto, acertou em cheio! Amo filmes que mexem comigo, que me fazem chorar e que me transformam de alguma forma. Quando estou de TPM não é tão diferente. Porém, assim como para músicas, tem gostos e gostos para filmes durante o nosso período pré-menstrual. Tem as que adoram aquele filme melado, para pensar, chorar, repensar e comer bastante chocolate. Mas também tem aquela parcela que curte filmes de suspense, ação e alguns sangues espalhados por aí. Por que, né?

Vou listar os melhores filmes para esse momento (sinta-se à vontade para assistir a todos ou a nenhum).

Para as TPMs bravas e pra baixo, listo alguns filminhos que acalmam (ou não) o coração.

✷ ***P.S. Eu te amo***

Não tenho certeza se você está preparada para este filme. *P.S. Eu te amo* conta a história de Gerry e Holly, um casal que se ama, porém Gerry morre de tumor no cérebro – CALMA! Isso não é um spoiler – e para encorajar Holly, ele prepara cartas diárias para a sua esposa sair da depressão. Ai, gente. Sério. Vai fazer você chorar demais e querer muito um marido igual ao dela. Mas a vida segue, né? Bora para o próximo!

✸ *A culpa é das estrelas*

Ok, se você acha que vai chorar com *P.S. Eu te amo*, com este você vai chorar 2.500.000 vezes mais. Hazel Grace, a personagem principal do filme, tem câncer e conhece Gus, um menino lindo, apaixonante e que também tem câncer. Os dois vivem uma paixão intensa, porém com tempo contado. Ah, um alerta: nunca conheci uma pessoa que assistiu a esse filme e não chorou. Boa sorte!

✸ *Um dia*

Anne Hathaway e Jim Sturgess vão fazer você repensar a vida. O que era só amizade virou uma linda história de amor retratada em apenas um dia.
É lindo, sensível e muito leve. Vale a pena reservar um tempinho da sua TPM para este filme!

✸ *O diário de Bridget Jones*

Este é um dos melhores filmes para alegrar o seu dia. Bridget é uma mulher de 32 anos, maravilhosamente atrapalhada, que decide escrever um diário maluco e engraçado sobre a sua vida. Bridget desabafa sobre as questões da vida, como o trabalho, o homem ideal, calorias, cigarros etc. É cada risada que a gente nem esquece!

✸ *500 dias com ela*

Este filme é incrível. Tudo faz ele ser incrível: Zooey Deschanel, Joseph Gordon--Levitt, a trilha sonora, o roteiro, os personagens, ou seja, tudo. A história é sobre a trajetória do romance entre Tom e Summer e tudo o que eles passam juntos. Do início ao fim, porém, tudo junto e misturado. Vale MUITO a pena! Sua TPM agradecerá!

Livros para ler na TPM

Às vezes precisamos de uma companhia que dure alguns dias. Filmes acabam logo, séries passam rápido demais. Mas os livros, ah, os livros são digeridos lentamente. Eu AMO ler e sempre que posso sento no sofá para ler algum livro novo.

Quando estou na TPM, fico sempre com uma dúvida quando vou escolher um livro: será que pego um que nunca li e não tenho ideia se vou gostar ou pego um livro que já li e tenho certeza de que vou gostar? Difícil, né? Quase sempre acabo ficando com algum que já li, porque sei o tipo de carinho que vou receber! Além deste livro aqui (que você pode ler em toda TPM e quando quiser!), separei alguns outros que você vai gostar de ler, tenho certeza.

- ***Marley & eu*, de John Grogan**

Se o filme é de chorar, imagina o livro! Lembro que li logo que adotamos a Cacau, e foi uma mistura de terror e felicidade; o Marley destruía tudo e a Cacau também! Mas o amor é tão grande que ignoramos esse problema!

- ***As vantagens de ser invisível*, de Stephen Chbosky**

É lindo, verdadeiro e totalmente real. Todos já passamos pela sensação de não pertencer a nenhum lugar, né? Charlie, o personagem principal, tem dificuldade de interagir em sua nova escola, até que conhece 2 amigos que o fazem se sentir especial. Vale muito a pena!

* ***Propósito: a coragem de ser quem somos*, de Siri Prem Baba**

Ah, este livro é para aprofundar todas as questões dentro de você. É preciso estar preparada para dar esse mergulho! Mas ó, mesmo que você não esteja, vale a pena tentar. É uma leitura gostosa, agradável e bem reflexiva.

APLICATIVOS

(CONTROLE ETC.)

APLICATIVOS SOBRE MENSTRUAÇÃO, PERÍODO FÉRTIL, OVULAÇÃO, TPM ETC.

Hoje em dia é muito fácil se cuidar. Existem diversos aplicativos que quebram esse galho para nós. Para quem não tem paciência de colocar no papel, esses aplicativos cuidam de tudo, avisam que está na hora de tomar a sua pílula, que você está no período fértil, de TPM, e por aí vai. Um verdadeiro presente da tecnologia para nós, mulheres. Por isso, resolvi listar os melhores amigos do nosso ciclo menstrual.

✷ Maia – Períodos, fertilidade e ovulação

Além do seu designer superfofo e descontraído, é um dos aplicativos mais completos, na minha opinião. Ele começa colhendo todas as informações sobre o seu ciclo: data da última menstruação, quantos dias ela dura, sua data de aniversário e seus dados pessoais. Depois disso, ele mostra em qual período do mês você está. Ao longo do mês, você pode entrar no aplicativo para descobrir se está no período fértil, quando será a próxima a menstruação, e por aí vai. Além de ajudá-la nesse controle, o aplicativo permite que você anote todos os sintomas do dia, os dias de relação sexual, se você tomou a sua pílula ou não etc. É possível também anotar o seu peso, sua temperatura e também como está o seu humor. Além de lembrá-la todos os dias de tomar a pílula anticoncepcional, se for o caso. Ah, ele também dá dicas diárias para o seu período. Basta entrar no aplicativo. Demais, né?

✱ Clue – Calendário do ciclo menstrual e ovulação

O Clue também é bem interessante para o controle do seu ciclo. Ele começa bem parecido com o Maia, porém, a partir do momento em que você vai preenchendo as informações, ele te dá feedbacks sobre a sua saúde. Por exemplo, eu coloquei que o meu ciclo dura quatro dias. Dessa forma, fui informada que essa duração está dentro de intervalos normais. Achei bem legal! O próximo passo é informar quantos dias duram a sua TPM! Depois você vai preenchendo informações sobre o seu fluxo, se você usa algum método contraceptivo, sua altura, peso etc. Você também pode sincronizá-lo com o seu parceiro(a), para que ambos compartilhem das mesmas informações. Legal, né? O aplicativo tem uma aba fantástica e superútil para nós, mulheres: a ciência do ciclo. Ele explica tudo o que você precisa saber sobre os sintomas, menstruação, fertilidade, TPM etc. Dá para passar um bom tempo se informando. Esse aplicativo ganhou o meu coração. ♥ Vale muito a pena baixar!

✱ Meu ciclo

Um aplicativo básico em relação aos outros dois, porém ótimo para quem utiliza a pílula como método contraceptivo. Ele funciona como a cartela da pílula e toda vez que você toma um comprido, ele retira da cartela apresentada no aplicativo. Prático e funcional, porém com poucas informações e interatividade. Ainda prefiro o Maia e o Clue!

✱ Sai, cólica

Este aplicativo é voltado para as mulheres que sofrem com as cólicas no período menstrual. Ele programa o calendário para informar em qual período do mês você se encontra (período fértil, TPM, dias de provável menstruação). Ele também possui joguinhos para distrair você em dias de cólicas pesadas e também é possível avisar alguém que você está naqueles dias. De uma forma divertida, o aplicativo ajuda a controlar o seu ciclo e a driblar a cólica chata (e muitas vezes inconveniente).

Exercícios na **TPM**, eu?

Neste momento você deve estar prestes a fechar este livro e me abandonar, mas CALMA! Não fecha, não!!! Não vou obrigá-la a correr uma maratona, muito menos fazer apologia excessiva ao esporte. Vou contar um relato meu, 100% verdadeiro e de ♥

Sempre odiei exercício físico. Tinha verdadeira aversão. Eu defendia fervorosamente que ninguém é obrigado a fazer nada. Ainda defendo isso, mas aprendi a dar uma segunda chance para aqueles trinta minutinhos de exercício diário.

Eu já tinha tentando alguns esportes e não me encaixei em nenhum deles. Odiava com todas as forças ter que ir para a academia "puxar ferro" e ser obrigada a lidar com a minha própria preguiça (como eu já estava lá, era obrigada a fazer os exercícios). Até que um dia, travei as minhas costas (leia-se com muito drama aqui). Foi uma das piores dores da minha vida! Me lembro de não conseguir levantar do chão. Só sabia chorar. Para a minha sorte (ou azar), tenho um pai ortopedista que me chamou de canto e me deu um xeque-mate: "Ou você começa a praticar exercícios para fortalecer as suas costas ou é o seu fim". Tô exagerando. Mas só um pouquinho. Eu estava mal mesmo!

Lá fui eu tentar a academia de novo. Tentei, tentei e tentei, mas não estava feliz. Não gostava mesmo. Foi quando o meu professor da academia, santo Márcio, me deu a ideia de começar a fazer aulas de natação. Sério? Não preciso de aulas. Já sei nadar. Tadinha. Comecei a fazer a natação e pasmem: foi amor à primeira nadada. Claramente era iniciante, precisava melhorar a minha respiração, meu condicionamento físico, meu tempo, aperfeiçoar os movimentos. Ou seja, tudo. Mas além de uma aula de natação, foi um verdadeiro exercício de superação para mim. Tinha que acordar cedo para nadar e independentemente do frio ou do calor, lá estava eu, firme, forte e cheia de disposição. E, olha só, aprendi a não ir obrigada.

Aprendi a gostar de verdade. Criei amor pela natação e como consequência pelo exercício e todo o bem-estar que ele traz consigo.

Com o tempo, percebi uma grande mudança no meu corpo. Me senti mais disposta, com mais condicionamento tanto para o esporte quanto para a vida, com mais fôlego para tudo. Consegui perder os quilinhos que eu queria, mas, acreditem se quiser, isso ficou em segundo plano para mim. Era uma mera consequência de tudo o que estava acontecendo.

Nessa época eu tinha parado com a pílula anticoncepcional por ordens médicas. Meu ginecologista queria ver como o meu corpo reagia após muitos anos de remédio. O exercício me ajudou muito em relação a isso. Senti que minhas cólicas diminuíram e o meu fluxo se tornou mais constante. Acredito que seja uma somatória de tudo o que estava acontecendo dentro de mim, mas, com toda certeza, o esporte me transformou.

O exercício é tão poderoso que é capaz de reduzir bastante a chance de doenças graves e também é capaz de ajudar em muitos casos de depressão. Além de garantir uma grande melhora nas noites de sono e na densidade óssea. (Está se achando novinha demais para falar sobre isso, né? Mas quanto antes nos cuidarmos, melhor!)

Muitos médicos indicam o exercício físico aliado a uma boa alimentação como método amenizador dos sintomas da menstruação e do ciclo menstrual. É indicado praticar esportes pelo menos 3 vezes na semana e por no mínimo vinte minutos. Antes de desistir, saiba que existem muitas opções por aí! Já pensou em jogar vôlei? Dançar? Vale tudo! O importante é colocar esse *corpitcho* lindo para se movimentar!

Porém sem exagerar, tá? Se você se empolgar e começar a praticar exercícios intensos e em excesso, será prejudicial para o seu corpo. Você poderá ter o seu ciclo bagunçado e, em casos mais graves, até pode ocorrer a ausência de menstruação, também conhecida como amenorreia.

Antes de sair correndo por aí, dá uma passadinha no seu médico para fazer um check-up e saber se está tudo em ordem com você. Ele mais do que ninguém vai saber orientá-la sobre o melhor exercício, quantas vezes por semana você deve fazer etc. Assim que estiver pronta, conte sempre com o personal trainer (o seu ou o da academia). É importante se comportar e seguir todas as recomendações, ok? Com o corpo não se brinca. ■

MULHERES QUE ME *inspiram*

Todas nós temos ídolos, pessoas que queremos ser quando crescer, profissionais que admiramos. Conforme crescemos, acrescentamos mais algumas pessoas nessa lista (e tiramos outras também, por que não?). Essas aqui são algumas mulheres que me inspiram MUITO!

É importante dizer que não são todas perfeitas, já que não existe ninguém livre de defeitos. Mas de algum modo me inspiraram a querer ser quem eu sou, e me fazem diariamente buscar por novas ideias, novas maneiras de ver o mundo... É para isso que os ídolos servem, né?

✷ Vera Lúcia Milla Ferraz Ferreira – ou minha mãe

Minha mãe é o maior exemplo de fortaleza para mim. Sempre acompanhei de perto todo o seu percurso e o samba que foi executar com maestria os seus diversos papéis da vida. Era importante ser uma boa mãe, esposa e mulher. Sim, esposa. Minha mãe é de uma geração que pouco se falava sobre realização pessoal, profissional, grandes salários, bônus etc. Portanto, seu grande sonho era ser uma boa mãe e ter uma boa relação com o meu pai, ou seja, um casamento feliz. Conseguiu tudo com muito mérito e esforço. Engravidou aos 20 anos, insegura, menina, sem dinheiro, mas sempre rodeada de apoio. Meu pai sempre foi um cara incrível, presente, paizão mesmo. Meu avô e a minha avó sempre estiveram ali, na retaguarda. *Opa, se não der certo, estaremos ali*, pensavam. Mas o que eu só consigo ver agora, mais velha, mais madura, é que não deve ter sido nada fácil. O medo de falhar, de dar errado, de não vencer na vida com certeza fez parte de toda a sua caminhada. Mas o que ela nunca saberá, a não ser que eu fale, é que nunca conheci uma mulher tão cheia de força e vontade de lutar. Foi para a frente, fez história e criou com o meu pai uma família de tirar o chapéu. Seu saldo é muito positivo, mãe. Me orgulho bravamente de ter nascido de você. Espero ser para os meus filhos metade do que você é para mim. Sou sua fã número 1. Te amo infinitamente. ♥

✷ Julia Child

Julia Child foi uma chef californiana cheia de personalidade e ícone da mudança na gastronomia norte-americana. É citada até hoje por diversos chefs famosos e também por aspirantes à gastronomia. Sua história é inspiradora. Julia iniciou a vida na cozinha aos 32 anos, por livre e espontânea curiosidade. Após se mudar para a França com o seu marido militar, resolveu se matricular na escola francesa Le Cordon Bleu para passar o tempo. Lá aprendeu desde os preparos mais básicos, como cortar cebola, até os mais complexos, como desossar um frango. Porém Julia sempre executou as suas tarefas com muita curiosidade e bom humor. Se apaixonou pela cozinha francesa e resolveu desmistificar os preparos que até então pareciam tão complexos. Sua vida foi relatada no divertido filme *Julie & Julia*, no qual Meryl Streep representa com maestria Julia Child. O filme conta a vida de Julie Powell, que resolve colocar em prática 524 receitas da chef Julia Child e postar a sua experiência diária em seu blog. O filme mostra que Julia era persistente, determinada, mas também muito atrapalhada. Julia defendia a cozinha prática e sem frescuras. Era apaixonada por manteiga e a colocava em quase todos os preparos. Ela mostrou o lado humanitário da cozinha, na qual qualquer um é capaz de aprender e colocar em prática. Basta tentar. E aprender a rir do próprio erro também é sinônimo de sucesso.

✷ Meryl Streep

Uma das únicas atrizes que, além de ser uma baita profissional, também envelheceu dentro de uma indústria cinematográfica que priorizava (e ainda prioriza) a beleza sensual da mulher jovem. Ou seja, Meryl Streep vivenciou o cinema desde sempre e mostrou que ela pode, e deve, continuar atuando por ser uma incrível atriz, e não apenas um par de peitos. Vale dizer aqui que eu AMARIA envelhecer como ela: se aceitando, sendo incrível no que faz, só ganhando mais respeito e, naturalmente, inspirando muitas outras mulheres a serem como ela. Meryl, que mulherão você é! Adoraria conhecê-la pessoalmente e tomar um chá juntas!

✷ Marie Curie

Sempre que falam em mulheres poderosas e inspiradoras, não tem como não mencionar a Marie Curie. Com certeza você já escutou falar dela na escola e na época, assim como eu, nem deu muita bola. Na real, ela é muito mais importante do que a gente imagina! Não só por ter feito vários estudos importantes sobre radioatividade, mas também por se consagrar como mulher cientista num momento em que esse universo só pertencia aos homens. Ela foi a primeira cientista mulher a ganhar o prêmio Nobel. Primeira a ganhar 2 vezes o mesmo prêmio Nobel. Primeira professora na Universidade de Paris. Até quando morreu ganhou honrarias: primeira mulher a ser enterrada no Panteão de Paris por méritos próprios. Mulherão, né? Manjava de química mais do que todo mundo e ainda por cima se colocou nesse universo sem medo de ser reprimida. Ela ganhou um espaço importantíssimo para nós! *Merci*, madame Curie!

✷ Nigella Lawson

Amo tudo da Nigella! Ela é fofa, carismática, inteligente, ótima cozinheira, bonita... e o mais incrível dela, que me fisgou de cara: ela gosta da "cozinha afetiva". Nunca tinha escutado antes essa expressão que me define tão bem! Uma cozinha que faz carinho por dentro, que traz toda uma história e um conforto para quem come. A carinha do *TPM*, né? Nigella, sua linda, obrigada por traduzir em palavras (e receitas) tudo que sempre acreditei na cozinha.

POR QUE SOMOS *poderosas*?

Desde pequenas somos vistas como o sexo frágil. Histéricas e incapazes de escrever a nossa própria história. Sim, somos bombardeadas por hormônios em todas as fases da nossa vida e precisamos aprender a lidar com isso. Não é fácil. Temos oscilações de humor e às vezes simplesmente não temos vontade de nada. Quantas vezes já não passamos por isso? Somos maternais, guerreiras, altamente capacitadas para chegar aonde quisermos. Cuidamos dos outros, de nós mesmas, somos sensíveis, questionadoras, cheias de energia vital. E por que será que somos consideradas tão frágeis? A fragilidade está nos olhos de quem vê, nunca nos nossos. Precisamos sempre nos empoderar, andar juntas e de mãos dadas.

Por isso, as frases a seguir são para você entregar a todas as mulheres que lhe inspiram. Pode ser desde uma desconhecida na rua até a sua melhor amiga.

Lembre-se: juntas somos mais fortes. ■

EU A ADMIRO
MUITO.
PARABÉNS
PELA **MULHER
INCRÍVEL
QUE VOCÊ É.**

EU TE AMO.
OBRIGADA
POR TUDO.

EI, VOCÊ
É LINDA!
ACREDITE
NISSO.

VOCÊ
ME INSPIRA
MUITO.
OBRIGADA.

CONTINUE
INSPIRANDO
OUTRAS
MULHERES.
ISSO É LINDO.

"NÓS PERCEBEMOS **A IMPORTÂNCIA DA NOSSA VOZ** QUANDO SOMOS SILENCIADAS."

MALALA YOUSAFZAI

Eu nunca tinha entendido ao certo o poder do empoderamento e do feminismo. Tenho grandes amigas que sempre foram engajadas nessa causa, mas sempre deixei isso "para depois". Até que, devagarzinho, comecei a entender o grande propósito de tudo isso. Passei a refletir sobre assédios, salários desproporcionais e totalmente desiguais, direitos, divisão de tarefas domésticas, entre tantas outras coisas enraizadas na nossa sociedade machista e que, infelizmente, fazem parte da nossa vida desde cedo. Estamos expostas a todo momento. O feminismo veio para desconstruir e empoderar. Para unir mulheres a favor de si mesmas! O tabu de ser feminista, de lutar pelos próprios direitos, pela liberdade de ir e vir precisa acabar. Quanto mais força dermos à luta, mais legitimidade ela terá. Vamos lutar por nós mesmas e sempre juntas!

"SANGRAMOS TODO MÊS E NÃO MORREMOS!",
AUTORA DESCONHECIDA

RASGUE A PRÓXIMA PÁGINA EM DIAS DE TPM

É sério... não vai fazer falta.
Ninguém precisa dessa página.
E se rasgá-la fizer você mais feliz,
se joga. Rasgou, já?
Não é brincadeira. RASGA!! Vai!
Ainda não rasgou? Está com dó?
Ela nasceu para ser rasgada, esse é
seu destino. Só você pode ajudá-la.

ESTAS *fotos da Cacau* VÃO AJUDÁ-LA HOJE!

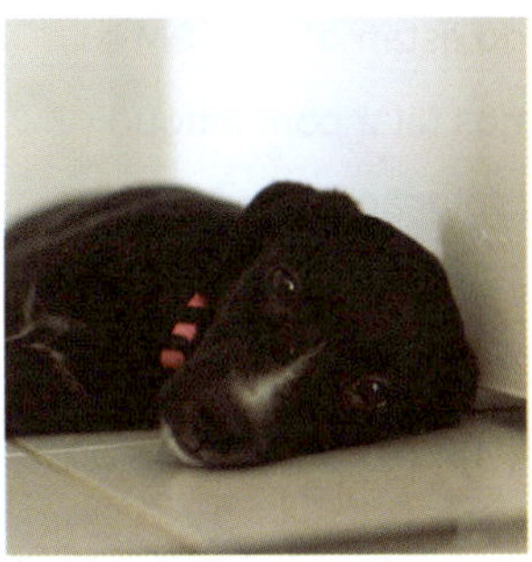

RECORTE A PRÓXIMA PÁGINA EM DIAS DE TPM

Sabe quando estamos de TPM e não queremos falar com ninguém? Aqui está a solução. Recorte e entregue. Simples assim.

ESTOU DE TPM. ME
DEIXE AQUI QUIETINHA.
OBRIGADA!

ESTOU DE TPM. ME
DEIXE AQUI QUIETINHA.
OBRIGADA!

ESTOU DE TPM. ME
DEIXE AQUI QUIETINHA.
OBRIGADA!

ESTOU DE TPM. ME
DEIXE AQUI QUIETINHA.
OBRIGADA!

TIPOS DE

ABSORVENTE

Existem diversos tipos de absorvente no mercado e para todos os tipos de fluxo. Tem aquele fininho para um fluxo menor, o noturno para aquelas que menstruam muito e não querem se sujar durante a noite. Tem também o nosso salvador da pátria em dias de sol, o absorvente interno. Porém estamos rodeadas de opções de absorventes, coletores menstruais etc. Se você se identifica e sempre fica em dúvida, este guia é para você.

Em primeiro lugar, antes de escolher o melhor tipo de absorvente para você, é importante entender bem o seu fluxo e o seu ciclo. Quantos dias você fica menstruada? Os primeiros dias tendem a ser mais intensos. Como são os seus? Quantas vezes por dia você troca de absorvente?

No meu caso, logo que comecei a menstruar, meu fluxo era muito intenso. Precisava usar durante o período menstrual inteiro o absorvente noturno. Me sentia mais segura com ele. Porém, como o absorvente noturno é maior, acabava me sentindo mais incomodada.

As perguntas a seguir podem te ajudar a entender qual é o melhor tipo de absorvente para você! Aproveita, é rapidinho e divertido. Depois de responder, leve para o seu médico para que vocês possam decidir isso juntos.

✱ **Quantos anos você tem?**

( ) 10 a 20

( ) 21 a 30

( ) 31 ou mais

✱ **Quantos dias duram a sua menstruação?**

( ) 5 dias ou mais

( ) 2 a 4 dias

( ) Menos de 1 dia

* **Qual é a intensidade do seu fluxo?**

  ( ) Intenso/muito intenso

  ( ) Normal

  ( ) Menstruo pouco/quase não menstruo

* **Você toma pílula anticoncepcional?**

  ( ) Sim

  ( ) Não

* **Você tem DIU?**

  ( ) Sim

  ( ) Não

* **Você tem tendência a alergias?**

  ( ) Sim, sou muito alérgica

  ( ) Não, não tenho alergias

* **Você já sujou a calcinha ou a sua roupa mesmo com absorvente comum?**

  ( ) Sim, isso sempre ocorre comigo

  ( ) Não, o absorvente sempre dá conta

* **Você consegue fazer exames ginecológicos (Papanicolau) tranquilamente? Sente algum incomodo ou aflição?**

  ( ) Não suporto fazer Papanicolau ou qualquer outro exame parecido.

  ( ) Tenho muita aflição

  ( ) Faço numa boa

ABSORVENTE NOTURNO

Este absorvente é ótimo e perfeito para quem tem o fluxo menstrual muito intenso ou precisa ficar muito tempo com o mesmo absorvente. Ele garante oito horas de proteção completa, tanto na frente quanto atrás. Eu costumava usar bastante na minha adolescência, pois demorei para aprender a posição certa do absorvente na minha calcinha. Sempre colocava muito para a frente ou muito para trás e, assim, acabava me sujando. O noturno cobre quase toda a calcinha. É ótimo!

Funciona muito bem também para os primeiros dias da menstruação e para dormir, já que não queremos levantar de madrugada para trocar o absorvente, né?

Ah, quem tem alergia não precisa se preocupar! A grande maioria possui toque suave de algodão, evitando a irritabilidade da pele.

ABSORVENTE COMUM COM OU SEM ABAS

Este modelo é ideal para um fluxo não muito intenso e para quem quer passar despercebido durante a menstruação. Sempre dá aquele medo de o absorvente ficar marcado na calça, né? Existem algumas marcas que fabricam absorventes superfinos e sem abas. Porém fique sempre atenta à posição dele durante o dia. Como não tem abas, existe a possibilidade de ele sambar na sua calcinha. Apesar de que, com o aperfeiçoamento dos produtos, a chance disso acontecer é cada vez menor. Eu prefiro sempre absorvente com abas, mas isso é uma questão de gosto. É preciso experimentar para saber qual é o seu preferido.

Ah! Importante! Existem 2 tipos de forro de absorvente: o toque suave, com algodão, e o sintético. O sintético não deixa a sua pele entrar em contato com o sangue, porém o contato com a pele não é tão agradável como com o algodão. Mas como eu disse: tudo é uma questão de opinião. Teste os dois e veja qual você prefere!

ABSORVENTE INTERNO

Quem ama praia e piscina com certeza vai se adaptar bem ao absorvente interno. Ele é um tampão colocado dentro da vagina e é responsável pela absorção da menstruação. Ele é seguro e não corre nenhum risco de se perder dentro de você, pode ficar tranquila. A musculatura da vagina deixa-o bem preso e sem chances de acontecer uma tragédia. Mas lembre-se de que ele precisa ser colocado da maneira correta! Assim não irá lhe causar nenhum desconforto nem aflição. Ah, ele também possui uma cordinha que serve para ser puxada quando você quiser retirá-lo ou trocá-lo por outro. A adaptação depende muito do seu fluxo menstrual. Se você tem um fluxo muito intenso, é aconselhável trocar de quatro em quatro horas. Se for um fluxo menor, você consegue trocá-lo, no máximo, de oito em oito horas, ok? Caso você permaneça mais tempo que isso, corre o risco de o absorvente inteiro ficar carregado e vazar na sua calcinha. Além da possibilidade de infecção por causa do sangue parado por muito tempo.

COLETOR MENSTRUAL

Aqui no Brasil o coletor menstrual ainda é um tabu para grande parte das mulheres. Por falta de informação e conhecimento, muitas criaram um preconceito sobre ele e acabam preferindo não usá-lo. Mas pode ser uma boa opção para você que tem alergia ao absorvente, preguiça ou falta de tempo para ficar trocando. O coletor menstrual é um copinho de silicone antibacteriano e hipoalérgico – ou seja, não existe a chance de você se contaminar com ele, caso seja higienizado da maneira correta – ajustável à vagina e que coleta o sangue menstrual. Ele é inserido logo na entrada da vagina e deve ser trocado de oito em oito horas. Se o fluxo menstrual for muito intenso, o ideal é de seis em seis horas. A boa notícia é que, com uma boa higienização, é possível conservá-lo de cinco a dez anos! A cada menstruação, o ideal é higienizá-lo com água fervente para evitar infecções e outras complicações.

Para comprá-lo, é só entrar na internet e procurar por empresas que comercializam o produto. Costumam custar entre 85 e 120 reais.

PROTETOR DIÁRIO

Nunca imaginei que um dia eu usaria o protetor diário. Como sempre tive um fluxo intenso, passava longe dele. Agora com o DIU, porém, preciso sempre ter um comigo na bolsa. É ideal para quem menstrua muito pouquinho ou para quem tem bastante corrimento. Ou também para os ciclos irregulares. Não sabe qual é o dia que vem a sua menstruação? Aposte no protetor diário! É pequeno, fácil de carregar e simples de colocar, além de passar despercebido. Dá para usar todos os dias, se quiser!

FRASES QUE ME *inspiram*

Escolhi algumas frases que, sempre que leio, consigo respirar fundo e ficar bem. Gostou? Quando eu gosto muito, mas muito mesmo, escrevo em um papelzinho e colo em algum lugar em que passo todos os dias... Às vezes é do lado do computador, às vezes é no espelho do banheiro. Onde você colocaria?

"Alguns fracassos são inevitáveis. É impossível viver sem fracassar em alguma coisa, a não ser que você viva tomando tanto cuidado com tudo que simplesmente não viva."
J. K. Rowling, autora de *Harry Potter*

"Sonhos são adoráveis. Mas são só sonhos. São fugazes, efêmeros, bonitos. Sonhos não se tornam realidade só porque você sonhou. É o esforço que faz as coisas acontecerem. É o esforço que cria mudança."
Shonda Rhimes, produtora e criadora de *Grey's Anatomy*

"A decisão mais difícil é a de agir; o resto é meramente obstinação. Você pode fazer qualquer coisa que decidir fazer. Você pode realizar mudanças e assumir o controle de sua vida. Esse é o processo e ele, a sua própria recompensa." Amelia Earhart, mulher pioneira na aviação

"O ato mais corajoso é pensar por você mesma.
Em voz alta!"
Coco Chanel, estilista e fundadora da marca Chanel

"Nem todos podem fazer grandes coisas,
mas, sim, pequenas coisas com um grande amor."
Madre Teresa de Calcutá, religiosa católica

"Ninguém pode te fazer sentir inferior
sem o seu consentimento."
Eleanor Roosevelt, grande defensora dos direitos humanos

"Você deve lutar mais de uma batalha para
se tornar uma vencedora."
Margaret Thatcher, política britânica

"Você não pode dizer que realmente viveu bem
se você não comeu bem!"
Nigella Lawson, chef de cozinha e apresentadora de TV

"Aprendi com a primavera a deixar-me cortar
e a voltar sempre inteira."
Cecília Meireles, poetisa brasileira

"Não se nasce mulher, torna-se mulher."
Simone de Beauvoir, escritora francesa

NUTRIÇÃO NA TPM

Atire a primeira pedra quem nunca ficou obcecada por doces em dias de TPM! Atire a primeira pedra quem nunca assaltou a geladeira de madrugada para comer aquele chocolatinho delicioso. Tudo bem, tudo bem. Cerca de 45% das mulheres ficam mais compulsivas por doces em dias de TPM.

Porém não é ideal nos entupir de doces (mesmo amando muito!). Existem alimentos específicos que ajudam na melhora do humor e da ansiedade e até na retenção de líquido. Como, por exemplo, os alimentos fontes de cálcio, de triptofano e de vitamina B6, entre outros alimentos ricos em vitaminas necessárias nessa fase crítica do mês.

Logo a seguir você encontra uma listinha com os alimentos que fazem maravilhas nesse período! Mas ó, 2 dicas fundamentais: consulte primeiramente um nutricionista. Ele, melhor do que ninguém, saberá orientá-la e montar uma dieta específica para você. Outra dica: se quiser comer chocolate ou doces, também não tem problema nenhum. Nada em excesso é positivo. Nem para mais, nem para menos. Combinado?

COMIDINHAS PARA OS DIAS DE TPM

COMA ALIMENTOS RICOS EM VITAMINA B6
Eles são poderosos na regulação do sono e do humor. Invista em banana, salmão, peixes, cereais integrais e frutas oleaginosas.

BEBA BASTANTE LÍQUIDO
Para hidratar e também para mandar as toxinas embora. O ideal é consumir de 2 a 3 litros por dia.

INVISTA EM CARBOIDRATOS COMPLEXOS
Eles vão lhe proporcionar uma sensação maior de saciedade. Como, por exemplo, arroz integral, pão integral etc.

INGESTÃO DE ALIMENTOS RICOS EM ÔMEGA 3 TAMBÉM PODE AJUDÁ-LA
Eles auxiliam bastante na sensação de bem-estar e também no tratamento da depressão. Invista em sementes de linhaça, salmão, sardinha, semente de chia, nozes, entre muitos outros.

OS CHÁS SÃO ALIADOS MARAVILHOSOS PARA OS DIAS TURBULENTOS E ANSIOSOS
Quem sofre de ansiedade deve ter sempre uma garrafinha com chá dentro. Para tranquilizar os nervos, aposte nos chás de erva-cidreira, camomila, maracujá e mulungu. São calmantes naturais e muito eficazes.

EXISTEM TAMBÉM OS CHÁS PODEROSOS PARA DESINCHAR
Ajudam a evitar a retenção de líquido e os inchaços que tanto nos incomodam, né? São estes: hibisco, cavalinha, abacaxi, carqueja, gengibre e limão.

TPM E BELEZA

MEU CABELO MUDOU! E AGORA?

Existem várias questões hormonais e também do ambiente em que vivemos que provocam mudanças na pele e no cabelo. Sabe quando vamos viajar para algum lugar e do dia para a noite o cabelo está sedoso e a pele brilhante? Pois bem. Muitas coisas podem interferir nesse processo. O cabelo pode mudar muito de acordo com as fases da nossa vida também.

Quando somos pequenos, nosso cabelo é fino e brilhante, mas, com a chegada da adolescência, ele se torna mais ondulado, volumoso e o fio tende a ficar mais seco. Com a vida adulta, o volume diminui e o fio tende a ficar mais fino. E quanto mais velhos ficamos, passamos a ter menos cabelo. Ah, fora toda a química que colocamos nos coitadinhos, né? Tintura, escova progressiva, entre outros procedimentos. Se você sente que o seu cabelo está maltratado, precisa conversar com o seu médico e com o seu cabeleireiro. Eles vão tentar encontrar a melhor solução para você.

De qualquer forma, elaborei uma listinha salvadora da pátria para você fazer as pazes com o seu cabelo!

- **Hidrate sempre que possível. Encontre o melhor hidratante para o seu cabelo e faça hidratação pelo menos 1 vez por semana. Vai ajudar a manter os fios brilhantes e bem macios – além de muito cheirosos**

- **Lave sempre com água fria! Ela ajuda a selar os fios que já absorveram os produtos que você aplicou. Além disso, a água muito quente prejudica os fios.**

- Cuidado com a praia e o sol! Os raios solares detonam o nosso cabelo! O ideal é proteger os fios antes de entrar no mar ou de se expor ao sol.

- Na hora de enxugar, vá devagar. Não esfregue muito, pois isso cria frizz.

- Antes de secar o cabelo com o secador, passe sempre um protetor térmico. Isso é realmente importante e vai ajudar bastante na proteção dos fios.

ACNE, PRA QUE TE QUERO?

Durante a TPM, é normal que a nossa pele fique cheia de acne. Mas por que isso acontece? Devido ao aumento do nível de andrógenos, a quantidade de glândulas sebáceas nesse período sobe, e, como consequência, o nível de oleosidade na pele também, dando espaço para o aparecimento de cravos e espinhas. Já que ninguém gosta de espinhas na pele, seguem algumas dicas de como lidar com elas.

- Mantenha o seu ginecologista e o seu dermatologista sempre atualizados. Em conjunto, eles poderão avaliar quais as melhores soluções para você.

- Mantenha a sua pele sempre limpa. Lembre-se de sempre tirar a maquiagem antes de dormir!

- Tome muita água! A hidratação ajuda a diminuir a oleosidade da pele, além de ser fundamental para o corpo. Beba no mínimo 1 litro de água por dia.

- Escolha produtos menos oleosos para a pele. Consulte o dermatologista e entenda quais são os ideais para você. Isso varia muito de pessoa para pessoa.

- Sei que é tentador espremer espinhas, mas tente evitar. Pode marcar a sua pele, além de machucar você.

O QUE **NÃO** DIZER PARA UMA *mulher na TPM*

Os hormônios estão a mil por hora, o corpo está passando por mudanças físicas, estamos nos transformando... Isso acontece todo mês e continuamos em frente, sempre de cabeça erguida (com ajuda de uns docinhos, né?)! Mas, por mais fortes que sejamos, é sempre bom evitar algumas coisas e, principalmente, alguns comentários. Tem esses aqui (e qualquer variação deles) que estão na minha lista inimiga. Só de alguém pensar nisso, já quase viro uma fera!

TPM não existe.

(Pfvr, né?)

Ah, você está assim por causa da TPM.

(E você está assim por que é imbecil?)

Ih, chegaram aqueles dias.

(E vão chegar todos os meses. Quieto.)

TPM é frescura.

(Quero ver sangrar todo mês, lindão.)

Você engordou?

(Essa é melhor não usar nunca, ok?)

Não tem motivos para ficar assim.

(Vou colocar um alien na sua barriga se contorcendo e aí você me diz se aguenta ter cólica.)

Você está mais irritada do que o normal.

(Você está mais idiota do que o normal.)

Certeza que se eu tivesse TPM não ficaria assim.

(Espera que vou abrir um corte em você e deixar sangrando para vermos.)

★★★

Lembrou de mais alguma que já falaram para você? Quero saber! Escreva aqui e me mande uma foto!

OS DOCES QUE ME SALVAM!

AQUI VÃO ALGUMAS FOTOS DOS *meus doces preferidos* PARA A TPM! HORA DE BABAR UM POUQUINHO...

RELATO DE UM HOMEM SOBRE SUA ESPOSA

JU POR VICTOR

Nós, homens, nunca vamos de fato entender o que é toda essa alteração hormonal. Vamos estudar, vamos aprender, vamos descobrir o que é, mas nunca vamos sentir o que acontece com as mulheres nesses dias "cabulosos".

Foi uma experiência maluca fazer parte dessa família de TPMers e a cada dia me envolver mais nessa coisa que vocês, mulheres, têm. Meu primeiro aprendizado foi: não tenho o direito de opinar. E sabe como é, sempre fui muito certo disso. Nunca posso criticar, falar, diminuir, menosprezar, porque eu não sei o que raios é isso, uai!

O mais engraçado, e acho que muitos homens vão me entender, é que fico sempre na dúvida se estou sendo um péssimo companheiro/amigo/marido, ou se não há nada que eu possa fazer para melhorar esses dias!

Do meu lado, algumas coisas funcionam. Por exemplo, abraçar e calar a boca são ótimas maneiras de fazer companhia e não piorar os sintomas da TPM. Colocar um *Grey's Anatomy* também costuma ser relaxante. Vez ou outra, sair para comer ou tomar um drink também ameniza o estresse.

Mas, se achamos que não é fácil para nós, fico pensando o que seria de mim se sangrasse todo mês, com alterações hormonais intensas. Com certeza seria

um chorão, deprimido, sem forças para continuar. Tenho aquela sensação de que Deus escreve certo por linhas tortas, sabe? O “Cara lá em cima” tinha certeza de que se fizesse os homens menstruarem, eles não dariam conta. Acabou que as mulheres ficaram com essa parte – e com a parte de parir uma criança –, porque, naturalmente, são muito mais fortes do que nós.

Um dia um grande empresário que construiu todo seu império do zero me disse: “Você está fazendo o certo e o mais inteligente. Deixe as mulheres no comando, elas sabem mais do que nós”.

E olha só: ele tinha razão. A Ju me levou por esse caminho intenso e maluco que é o *TPM, pra que te quero?*, e eu não poderia estar mais feliz.

Obrigado, amor, por ser a forte entre nós dois, por liderar o caminho, por ser incrível, carinhosa, criativa, inteligente, engraçada, maravilhosa. Você consegue ser tudo de uma vez só, e ainda assim sangrar todo mês. Quero ser que nem você quando crescer (se eu puder pular a parte da menstruação, seria ótimo).

Te amo e te admiro. E morro de orgulho de você. ■

KEEP CALM
AND
ME TRAGA
CHOCOLATE.

ALÔ,
ALÔ,
TPM!
AQUELE
ABRAÇO...

THIS
GIRL
IS
ON
FIRE!

JÁ
QUE É
PRA TOMBAR:
TOMBEI!

UM
BELO DIA
RESOLVI
MUDAR
E FAZER
TUDO
O QUE
EU QUERIA
FAZER.

SOU MINHA,
SÓ MINHA
E NÃO DE
QUEM QUISER.

Curiosidades sobre TPM e *menstruação*

- Em 1946, Walt Disney produziu um curta que fala sobre a menstruação chamado *The story of menstruation*. Você consegue assistir a ele no YouTube! É demais!! Vale a pena!

***

- A primeira menstruação pode ocorrer entre 10 e 16 anos. Então não se preocupe! Se chegar antes disso, procure um médico. Se chegar depois, procure também. Se chegar nesse período, faça a mesma coisa.

***

- Dica preciosa: nosso ginecologista deve ser o nosso melhor amigo. Conte TUDO a ele. Procurar informação na internet só nos deixa apavoradas e cheias de especulações. Nada melhor do que contar com alguém que entende tudo sobre esse assunto, né?

***

- Além das mulheres humanas, elefantes e uma espécie de baleia, as corcundas, também têm menopausa! Imagina o bate-papo entre a turma toda, passando aquele calorão. Pelo menos as baleias vivem na água...

***

* **Em alguns lugares da Ásia, como no Japão, existe uma "licença--menstruação": você pode não trabalhar durante esses dias! QUE SONHO!**

★★★

* **70% das mulheres sofrem com os sintomas da TPM.***

★★★

* **Um estudo feito no Reino Unido na Universidade de Hertfordshire afirma que mulheres na TPM sentem mais vontade de comprar e gastar dinheiro. E se sentem mais feias, então acabam comprando mais produtos de beleza durante a TPM... Você faz isso?**

★★★

* (http://corpoacorpo.uol.com.br/blogs/mulher-de-corpo/veja-13-curiosidades sobre-a-tpm-e-entenda-por-que-ela-incomoda-tanto/10141#)

RECEITAS *que inspiram*

Como deu para perceber, a minha relação com a cozinha sempre foi especial. As experiências que eu tive dentro dela me transformaram como profissional e como mulher. Como esquecer o primeiro bolo que fiz com a minha avó ou as tardes de domingo com a cozinha cheirando a strogonoff e bolinho de chuva para a sobremesa? Eu acredito que cozinha é afeto e que o alimento, quando preparado com respeito, amor e dedicação, nutre a nossa alma e nos reconecta com a nossa verdadeira essência. Todas as receitas deste livro foram selecionadas com muito carinho e cada uma tem uma grande importância pra mim. Espero que sinta isso em cada mordida. :) Bom apetite! ■

Este bolo tem todo o meu amor e carinho. Todos os nossos fãs surtaram com ele e disseram ser um dos melhores bolos que já experimentaram. Está esperando o que para fazer?

BOLO DE **CENOURA VULCÃO**

Ingredientes

Para a massa

- 3 cenouras cruas descascadas e picadas
- 3 ovos
- 1 xícara de óleo
- 2 xícaras de açúcar
- 2 xícaras de farinha de trigo
- 1 colher (sopa) de fermento químico em pó

Para a cobertura

- 2 latas de leite condensado
- 3 colheres (sopa) de chocolate em pó
- 2 colheres (sopa) de manteiga sem sal
- ½ xícara de leite
- chocolate granulado para decorar

Modo de preparo

Preaqueça o forno a 180 °C.

Comece pela massa: no liquidificador, bata bem as cenouras, os ovos, o óleo e o açúcar. Enquanto isso, coloque a farinha e o fermento em uma tigela. Depois, incorpore delicadamente a primeira mistura na farinha.

Coloque a massa em uma fôrma de furo no meio untada e enfarinhada e leve ao forno. Asse por aproximadamente 35 minutos, ou até que um palito inserido no centro da massa saia limpo.

Enquanto o bolo está no forno, faça o brigadeiro: em uma panela, coloque o leite condensado, o chocolate em pó e a manteiga. Leve ao fogo baixo e cozinhe, mexendo sempre, até desgrudar da panela. Por fim, acrescente o leite e mexa mais um pouco. Transfira para um refratário e deixe esfriar.

Retire o bolo do forno e deixe esfriar por completo. Então, espalhe o brigadeiro sobre ele, preenchendo toda a cavidade do meio, e decore com o chocolate granulado. O objetivo é esconder o furo do bolo, fazendo-o parecer redondo.

Tinha que ter a receita do nosso bolo sucesso, né?
É lindo e enche a boca de água só de olhar.
Que tal preparar para a sua semana de TPM?
Você vai me agradecer.

BOLO **BOMBOM DE MORANGO**

Ingredientes

Para a massa

- 150 g de manteiga sem sal
- 2 xícaras de açúcar
- 5 ovos
- 2 xícaras de farinha de trigo
- 1 xícara de cacau em pó
- 1 xícara de leite
- 1 colher (sopa) de fermento químico em pó

Para o recheio de brigadeiro

- 1 lata de leite condensado
- 1 colher (sopa) de manteiga sem sal
- 4 colheres (sopa) de leite em pó
- ½ lata de creme de leite sem soro
- morangos picados grosseiramente

Para a ganache

- 300 g de chocolate meio amargo picado
- ½ lata de creme de leite sem soro

Para decorar

- chocolate granulado e morangos

Modo de preparo

Preaqueça o forno a 180 °C.

Comece pela massa: bata na batedeira a manteiga e o açúcar até obter um creme pálido e fofo. Sem parar de bater, adicione os ovos, um a um. Acrescente a farinha de trigo misturada com o cacau alternando com o leite, devagar e aos poucos. Por fim, junte o fermento em pó.

Transfira a massa para uma fôrma de furo no meio untada e polvilhada com cacau em pó e leve ao forno. Asse por aproximadamente 35 minutos, ou até que um palito inserido no centro da massa saia limpo. Se a sua forma for alta, o bolo demorará mais para assar; nesse caso, deixe por no máximo 50 minutos.

Retire do forno e espere esfriar.

Enquanto o bolo está no forno, faça o recheio: em uma panela, coloque o leite condensado, o leite em pó e a manteiga. Leve ao fogo baixo e cozinhe, mexendo sempre, até desgrudar da panela. Desligue o fogo, junte o creme de leite e mexa mais um pouco. Transfira para um refratário e deixe esfriar.

Agora, prepare a ganache. Para quem não sabe, ganache é uma mistura de chocolate e creme de leite superversátil, usada em muitas receitas na confeitaria. Derreta o chocolate em banho-maria: coloque o chocolate em uma tigela refratária e encaixe-a na boca de uma panela que tenha 2 dedos de água dentro; o fundo da tigela não pode encostar na água, tá? Deixe em fogo baixo e mexa o chocolate até derreter. Se preferir, leve a tigela refratária ao micro-ondas e aqueça na potência máxima em intervalos de 30 segundos até derreter o chocolate.

O próximo passo é colocar os morangos no recheio de brigadeiro. Retire os cabinhos dos morangos, depois corte-os ao meio no sentido do comprimento e seque bem; essa etapa é importante para que o morango não solte água e estrague o recheio. Misture tudo com cuidado.

Depois que todas as partes do bolo (massa, brigadeiro, ganache) estiverem prontas, é hora da montagem. Com uma faca bem afiada, faça um círculo no topo do bolo, deixando pelo menos 2 dedos de borda e 2 dedos de base, como se fosse um xaxim, e retire o miolo inteiro; desse miolo, corte um disco de massa para servir de tampa e guarde o restante para a hora do chá!

Preencha a cavidade do bolo com o recheio e tampe com o disco de massa. Espalhe uma fina camada de ganache em todo o bolo; essa camada vai funcionar como uma colinha que não vai deixar nenhum farelinho aparecer na cobertura. Depois, espalhe uma camada generosa de ganache na lateral e no topo. Em seguida, cubra toda a lateral com o chocolate granulado. Se sobrar ganache, você pode colocá-la em um saco de confeitar com bico pitanga e enfeitar a parte de cima. Decore com alguns morangos inteiros também.

Está difícil escolher qual das receitas deste livro é a minha preferida, mas com certeza esta entra para o Top 5. É uma combinação perfeita de sabores!

NHÁ BENTA DE COLHER

Ingredientes

Para a musse de chocolate

- 500 g de chocolate meio amargo
- ½ xícara de leite
- 1 xícara de creme de leite fresco gelado

Para o marshmallow

- 1¼ xícara de açúcar
- ⅓ de xícara de água
- 2 claras

Para a montagem

- 1 pote transparente
- saco de confeitar (se tiver, melhor, mas não é indispensável)
- maçarico culinário (usei para deixar queimadinho nas pontas, mas não altera o sabor, é só para ficar mais lindo!)

Modo de preparo

Comece pela musse de chocolate: no micro-ondas, aqueça o chocolate junto com o leite na potência máxima em intervalos de 30 segundos, até derreter tudo por completo. Misture com uma espátula até obter uma ganache lisa e aveludada. Reserve.

Bata o creme de leite fresco gelado até o ponto de chantili; para isso, você pode usar um batedor de arame (fouet), mas na batedeira vai mais rápido, então se estiver de TPM e com fome, opte por ela, só cuidado para não bater demais e virar manteiga, hein?

Depois, incorpore o creme de chantili na ganache aos poucos, mexendo de baixo para cima em movimentos circulares para dar leveza. Feito isso, a musse de chocolate está pronta. Leve à geladeira para ela ficar bem firme na hora de montar.

Agora, é hora de fazer o marshmallow – minha parte preferida! Em uma panela, misture 1 xícara de açúcar com a água e cozinhe, sem mexer, até obter o ponto de bala mole. Aconselho MUITO que você tenha um termômetro culinário em casa, porque a temperatura é superimportante para chegar no ponto certo da calda de açúcar. Aqui, por exemplo, a calda precisa estar entre 116 °C e 125 °C. Se você não tiver termômetro, o ponto deve ocorrer após, aproximadamente, 5 minutos na panela. A cor é de palha clara e, ao levantar a colher, forma-se um fio constante e contínuo.

Enquanto a calda de açúcar cozinha, bata as claras em neve com o açúcar restante. Comece em velocidade média e vá aumentando aos poucos. Depois que as claras espumarem bem e a calda de açúcar chegar ao ponto de bala mole, é hora de juntar os 2 processos. Despeje a calda de açúcar nas claras sem parar de bater e sempre em fio. Bata por mais 4 minutos em velocidade alta. Desligue a batedeira e transfira o marshmallow para um saco de confeitar.

Retire a musse da geladeira e transfira para um saco de confeitar ou um saco plástico limpo (nesse caso, corte a pontinha do saco na hora de usar).

Para a montagem, faça da maneira que quiser: primeiro a musse, depois o marshmallow, ou o contrário, mas se lembrando sempre de alternar um e o outro. Faça isso até completar o potinho. Se quiser, faça uns picos pequenos de marshmallow em cima e doure com o maçarico, mas, se não quiser, tudo bem, fica delicioso do mesmo jeito!

Deixe cerca de 30 minutos na geladeira para esfriar e bom apetite!

Se quiser começar o dia bem docinha, invista nesta panqueca fácil e deliciosa. Aconselho comer com um café com leite ao lado. Se quiser, coloque uma musiquinha calma e aprecie esta maravilha!

PANQUECA **COM CALDA DE CHOCOLATE**

Ingredientes

Para a massa

- 1 ovo
- ½ xícara de leite
- 1 xícara de farinha de trigo
- 1 colher (sopa) de fermento químico em pó
- 3 colheres (sopa) de açúcar
- 1 colher (sopa) de óleo
- 1 colher (sopa) de essência de baunilha
- uma pitada de sal
- manteiga

Para a calda de chocolate

- 1 xícara de leite
- 1 xícara de chocolate em pó
- ½ xícara de açúcar
- 3 colheres (sopa) de manteiga

Modo de preparo

Comece pelas panquecas: em uma tigela, coloque o ovo, o leite, a farinha, o fermento, o açúcar, o óleo, a essência de baunilha e o sal e misture com um batedor de arame (fouet) até obter uma massa homogênea.

Coloque a frigideira para esquentar com um pouquinho de manteiga. Depois, é só despejar uma concha de massa nela e deixar cozinhando por 2 minutos de cada lado. Quando ficar bem douradinha dos dois lados, retire e transfira para um prato e cubra com um pano limpo para manter quentinha. Repita o procedimento com o restante da massa.

Depois, faça a calda de chocolate: em uma panela, misture todos os ingredientes e leve ao fogo médio. Cozinhe bem, mexendo sempre, até a calda engrossar. Retire do fogo e coloque em cima das panquecas. Bom café da manhã de TPM!

Uma foto diz mais do que mil palavras, né?

Nem preciso convencê-la a fazer este bolo. Ou preciso?

Bom, tudo o que você precisa saber é que ele é MARAVILHOSO!

Derrete na boca... hummm!

BOLO **SUFLAIR**

Ingredientes

Para a massa

- 5 claras
- 5 gemas
- 2 xícaras de açúcar
- 2 xícaras de farinha de trigo
- 1 xícara de água
- ¾ de xícara de chocolate em pó
- 1 colher (sopa) de fermento químico em pó

Para a ganache

- 500 g de chocolate ao leite aerado picado
- 1 lata de creme de leite sem soro
- 1 colher (sopa) de rum (opcional)

Para a montagem

- ¼ de xícara de leite misturado com 1 colher (chá) de rum ou de essência de baunilha
- chocolate ao leite aerado picado

Modo de preparo

Preaqueça o forno a 180 °C.

Comece pela massa: na batedeira, bata as claras até ficarem bem volumosas (elas triplicam de volume!). Então, sem parar de bater, acrescente as gemas uma a uma, e depois o açúcar aos poucos. Feito isso, adicione alternadamente a farinha de trigo, a água e o chocolate em pó, batendo sempre. Por fim, misture o fermento em pó.

Então, transfira a massa para a fôrma untada e polvilhada com o chocolate em pó (costumo usar 2 fôrmas redondas de 18 cm, mas, se você quiser, use 1 fôrma grande) e leve ao forno. Asse por aproximadamente 20 minutos, até a sua casa ficar com cheirinho de bolo ou quando você espetar um palito no centro da massa e ele sair limpinho. Retire do forno e deixe esfriar.

Enquanto o bolo está assando, é hora de fazer a ganache. Neste caso, usaremos o chocolate aerado.

Em uma tigela, coloque o chocolate picado e aqueça no micro-ondas na potência máxima em intervalos de 30 segundos, misturando bem a cada intervalo, até o chocolate derreter. Então, acrescente o creme de leite e misture. Costumo colocar um tiquinho de rum (que eu adoro!), mas, se você não gosta ou não tem em casa, não é necessário.

Quando a ganache estiver pronta, é hora de desenformar os bolos com cuidado. Com uma faca serrilhada, corte o topinho abaulado de cada massa para deixá-las bem retinhas. Se você tiver feito em apenas 1 fôrma, corte o bolo ao meio na horizontal para obter 2 discos de massa.

Vou ensinar 2 maneiras de montar o bolo e você escolhe a que for mais conveniente para você. O bolo pode ser montado diretamente no prato de servir ou dentro da fôrma (que dá um resultado mais bonito). Quando faço bolos para mim ou para a minha família, não coloco dentro da fôrma, pois queremos apenas comer, e não apreciar com os olhos. Já quando faço para uma ocasião especial, uso a fôrma para dar mais estrutura na hora da montagem.

Se você fizer diretamente no prato de servir, primeiro espalhe um pouco da ganache no centro do prato para dar firmeza na hora de montar e confeitar. Depois, disponha o primeiro disco de bolo por cima da ganache e pincele

a massa com a mistura de leite e rum ou de leite e baunilha para umedecer. Então, espalhe uma camada uniforme de ganache, mas cuidado para não colocar demais, porque pode vazar para os lados na hora de cortar o bolo! Por fim, coloque o outro disco de massa por cima com cuidado. Leve à geladeira por pelo menos 30 minutos. É preciso estar bem firme para confeitar.

Se você optou por montar o bolo diretamente na fôrma, o processo é quase igual; a diferença é que você vai forrar a mesma fôrma em que assou o bolo com papel-alumínio ou filme de PVC, de maneira a deixar uma sobra para cima. Monte dentro da fôrma e cubra o bolo com as pontas que ficaram para fora. Deixe pelo mesmo tempo na geladeira. Depois é só desenformar sobre o prato em que for servir.

Agora cubra o bolo com o restante da ganache. Para isso, você vai precisar de uma boa espátula para ajudar a espalhar toda a cobertura. Cubra-o totalmente de ganache e, para finalizar, enfeite com o chocolate picadinho.

Depois é só cortar um pedação e ir curtir a sua TPM!

TINHA que ter brigadeiro neste livro, né?

E este não é qualquer brigadeiro, não, é o MELHOR do mundo.

Sério, pode confiar!

BRIGADEIRO DO *TPM*

Ingredientes

- 1 lata de leite condensado
- 100 g de gotas de chocolate ao leite
- 1 colher (sopa) de creme de leite
- 1 colher (sopa) de leite
- 1 colher (sopa) de creme de avelã com cacau
- chocolate granulado para enfeitar

Modo de preparo

Em uma panela, coloque todos os ingredientes e leve ao fogo médio. Cozinhe, mexendo sempre (isso significa que você NÃO pode parar de mexer em NENHUM momento! Nem se o crush ligar, hein?). Com o passar dos minutos, a textura do brigadeiro muda, ou seja, ele começa a engrossar. O ponto certo é quando você passar uma espátula e conseguir ver o fundo da panela. Desligue o fogo.

Agora, você tem 2 opções: ou se jogar no sofá e comer brigadeiro direto da panela ou esperar esfriar para enrolar e comer mais tarde. Se escolher a segunda opção, transfira o brigadeiro para um prato e cubra com filme de PVC. Deixe na geladeira pelo máximo de tempo que conseguir. Se estiver preparando para uma festa, o ideal é deixar de um dia para o outro.
Para modelar os brigadeiros, passe um pouco de manteiga na palma das mãos, pegue porções iguais do doce com uma colher e enrole as bolinhas.
Depois, passe-as no granulado. Coloque em forminhas e seja feliz!

BOLO VULCÃO DE LEITE EM PÓ

MELHOR bolo de mundo. Sei que falo isso de todos, mas este é especial mesmo. Afinal, leite em pó é tudo de bom, né?

Ingredientes

Para a massa

- 3 claras
- 100 g de manteiga
- 2 xícaras de açúcar
- 3 gemas
- 1 colher (chá) de essência de baunilha
- 3 xícaras de farinha de trigo
- 1 xícara de leite
- 1 colher (sopa) de fermento químico em pó

Para a cobertura

- 400 g de manteiga
- 6 colheres (sopa) de açúcar de confeiteiro
- 1 lata de leite condensado
- 1⅓ xícara de leite em pó
- 1 caixinha de creme de leite

Para decorar

- leite em pó

Modo de preparo

Preaqueça o forno a 180 °C.

Comece pela massa: primeiro, bata as claras em neve na batedeira até triplicarem de volume. Desligue e transfira-as para uma tigela. Ainda na batedeira, bata a manteiga com o açúcar até obter um creme pálido. Depois, acrescente as gemas uma a uma, sem parar de bater, e a essência de baunilha. Bata mais uns instantes e adicione aos poucos e alternadamente a farinha e o leite. Desligue a batedeira e misture o fermento. Com uma espátula, incorpore as claras em neve à massa aos poucos, fazendo movimentos circulares de baixo para cima para dar leveza.

Transfira a massa para uma fôrma redonda de furo no meio, untada e enfarinhada e leve ao forno. Asse por 20 minutos, ou até espetar um palito no centro da massa e ele sair limpo. Retire e deixe esfriar.

Enquanto o bolo está assando, prepare o espetacular creme de leite em pó. Minha avó fazia esse creme quando éramos pequenos e a gente devorava em menos de 15 minutos. Não tem como não amar! ♥ É como se fosse um *buttercream*, ou seja, um creme de manteiga de leite em pó.

Comece batendo bem a manteiga e o açúcar de confeiteiro até obter uma mistura pálida. Quando estiver clara e leve, adicione o leite condensado aos poucos, sem parar de bater. Junte o leite em pó e o creme de leite, batendo sempre.

Uma dica importante para o *buttercream* dar certo: cuidado com a temperatura da manteiga; ela não pode estar nem muito mole nem muito gelada. Por isso, tire a manteiga da geladeira uns 20 minutos antes de começar a receita, que é tempo suficiente para ela chegar à temperatura ambiente. Ah, outra coisa: caso o creme talhe, acrescente um pouco mais de creme de leite e bata bastante até voltar à consistência normal.

Depois que o bolo esfriar por completo, desenforme com cuidado no prato de servir. Coloque todo o creme de leite em pó no furo até preencher tudo. Por fim, polvilhe com mais leite em pó. Agora é só servir e ser feliz.

Dica megaultraimportante para o bolo dar certo: não coloque o creme no bolo ainda quente. Como a base do creme é a manteiga, ela vai derreter no bolo quente. Combinado?

CONE DE **PAÇOCA**

Este cone é delicioso em qualquer momento da TPM e principalmente na época de festas juninas. Tem gostinho de arraiá!

Ingredientes

- 1 lata de leite condensado
- 100 g de paçoca esfarelada
- 1 colher (sopa) de manteiga
- 2 colheres (sopa) de creme de leite
- 100 g de chocolate meio amargo derretido
- casquinhas de sorvete
- paçoca esfarelada para decorar

Modo de preparo

Comece pelo brigadeiro de paçoca: em uma panela, coloque o leite condensado, a paçoca triturada e a manteiga. Leve ao fogo médio e cozinhe, mexendo sempre, até desgrudar do fundo da panela. Quem tem TPM é pós-graduada em ponto de brigadeiro, né?

Então, desligue o fogo e misture o creme de leite. Se quiser, pode juntar um pouco mais de paçoca também. Transfira o brigadeiro para uma tigela, cubra com filme de PVC e espere esfriar.

Depois de frio, transfira o brigadeiro para um saco de confeitar e preencha ⅔ das casquinhas de sorvete (comprei as casquinhas prontas e indico que você faça o mesmo. Vai economizar o seu tempo!). Depois, preencha o restante da casquinha com o chocolate derretido (para derreter o chocolate, coloque em um refratário e leve ao micro-ondas na potência máxima em intervalos de 30 segundos). Para enfeitar, espalhe um pouco de chocolate na lateral das casquinha e passe na paçoca. Leve à geladeira até o chocolate firmar. Depois é só comer bastante!

Fiquei encantada com este cookie de caneca. É fácil, rápido e MUITO matador de TPM. Duvida? Então olha só!

COOKIE DE CANECA

Ingredientes

- 2 colheres (sopa) de manteiga derretida
- 1½ colher (sopa) de açúcar refinado
- 1½ colher (sopa) de açúcar mascavo
- 2 gemas
- ¼ de colher (chá) de essência de baunilha
- 5 colheres (sopa) de farinha de trigo
- 1 colher (sopa) de leite
- ¼ de colher (chá) de fermento químico em pó
- gotas de chocolate ou chocolate picado

Modo de preparo

Comece escolhendo a sua caneca preferida para fazer o cookie. Coloque dentro dela a manteiga e os 2 tipos de açúcar. Adicione as gemas, a essência de baunilha e a farinha de trigo. Mexa tudo muito bem. Então, acrescente o leite e o fermento e mexa de novo. Por fim, coloque o chocolate (em gotas ou picado) e misture; se desejar, pode colocar mais chocolate por cima. Depois que você terminar de misturar os ingredientes da massa, vão sobrar 2 claras. Como a gente não gosta de desperdício, aproveite para fazer o marshmallow que ensino na p. 133 e use na receita da Nhá Benta de colher ou guarde-o na geladeira por até 5 dias. Se não conseguir usar as claras na hora, coloque-as em forminhas de gelo separadas e congele-as por até 3 meses; depois, é só descongelar na geladeira de um dia para o outro e usar normalmente.

Aqueça no micro-ondas na potência alta por, no máximo, 1 minuto. Minha dica valiosa para esse momento é: preencha a caneca até a metade da altura, no máximo, com a massa do cookie; se ficar mais alto do que isso, a chance de transbordar e fazer a maior sujeira na hora de ir para o micro-ondas é grande!

Retire do micro-ondas e vá comer assistindo ao seu filme preferido! Bom apetite!

Esta receita é TÃO fácil que você não vai nem acreditar.

Quer ver?

BROWNIE DE CANECA

Ingredientes

Para massa

- 1 colher (sopa) de manteiga derretida
- 1 colher (sopa) de açúcar
- 1 colher (sopa) de chocolate em pó
- 2 colheres (sopa) de leite
- 2 colheres (sopa) de farinha de trigo
- ½ colher (chá) de fermento em pó

Para decorar

- creme de avelã com cacau
- chocolate em pó

Modo de preparo

Comece escolhendo a sua caneca preferida. Coloque dentro dela a manteiga, o açúcar, o chocolate em pó, o leite, a farinha de trigo e, por fim, o fermento. Misture bem. Assim como no cookie de caneca da p. 148, procure preencher só até a metade da altura da caneca para não causar um desastre dentro do seu micro-ondas!

Aqueça no micro-ondas em potência média por 1 minuto. Depois de pronto, é só adicionar um pouco (ou muito, se a sua TPM mandar) do creme de avelã com cacau, polvilhar um pouco de chocolate em pó e comer FELIZ! Beijos, TPM, não me liga!

Este salame de chocolate reinava na minha casa em momentos especiais. A Neide, que trabalha com a gente há mais de 20 anos, sempre fazia para os nossos almoços especiais de sexta-feira. Obrigada, Neidinha, pelas TPMs salvas com este doce maravilhoso!

SALAME DE CHOCOLATE

Ingredientes

- 1 lata de leite condensado
- 30 g de chocolate ao leite
- 2 colheres (sopa) de chocolate em pó
- ½ xícara de creme de leite (fresco ou de caixinha)
- 200 g de biscoito maisena
- papel-manteiga ou papel-alumínio para enrolar
- leite em pó para polvilhar

Modo de preparo

Em uma panela, coloque o leite condensado, o chocolate ao leite e o chocolate em pó. Leve ao fogo médio e cozinhe, mexendo sempre, até começar a desgrudar do fundo. Depois que o brigadeiro der ponto, desligue o fogo, coloque o creme de leite e mexa bem. Ele serve para dar cremosidade ao brigadeiro, por isso adoro colocar nas minhas receitas.

Quebre os biscoitos com as mãos e misture ao brigadeiro ainda dentro da panela, com o fogo desligado. Mexa delicadamente para os biscoitos não se desfazerem ainda mais.

Abra um pedaço grande de papel-manteiga na mesa e disponha sobre ele uma faixa de brigadeiro com biscoito no sentido do comprimento, até formar uma fileira. Vá enrolando o papel até chegar na outra borda, formando um cilindro. Torça as pontinhas de papel dos 2 lados para fechar bem e leve ao congelador por pelo menos 3 horas.

Passado esse tempo, retire do congelador, remova o papel-manteiga e passe no leite em pó. Corte em rodelas médias e aproveite. É maravilhoso!

Esta é uma alternativa maravilhosa para quem está morrendo de vontade de comer um pudim de leite, mas também morrendo de preguiça de fazer um grandão. Fora que é superdivertido fazê-lo dentro da latinha!

PUDIM DE LATINHA

Ingredientes

- 1 lata de leite condensado
- 1 lata de leite (use a lata de leite condensado vazia para medir)
- 3 ovos
- 1 colher (chá) de essência de baunilha
- 1½ xícara de açúcar
- ½ xícara de água

Modo de preparo

Comece separando as latinhas: retire o rótulo e a tampa, lave-as bem e deixe-as reservadas.

Prepare o pudim: coloque no liquidificador o leite condensado, o leite, os ovos e a baunilha. Bata na velocidade baixa para não incorporar muito ar à mistura. Desligue o liquidificador e reserve.

Depois, faça o caramelo: em uma panela, misture o açúcar e a água e leve ao fogo baixo, sem mexer, até o açúcar derreter por completo e começar a mudar de cor. Quando ficar dourado, está pronto.

Divida o caramelo entre as latinhas, espalhando por toda a parte de dentro. Nesse momento, pode usar um pincel para ajudar.

Despeje o líquido nas latinhas e cubra-as com papel-alumínio. Arrume as latinhas em uma assadeira e coloque-as no forno. Despeje água na assadeira maior até atingir 2 dedos da altura das latinhas. Ligue o forno a 180 °C e asse os pudins em banho-maria por mais ou menos 1 hora (no máximo 1h30). Desenforme ainda quente, tomando cuidado para não queimar os dedos.

COPINHOS DE **CHOCOLATE COM MUSSE**

Estes copinhos de chocolate com musse dentro farão o maior sucesso no seu jantar especial ou na noite de pijama com as suas amigas. Pode apostar!

Ingredientes

Para os copinhos de chocolate

- 1 xícara de chocolate meio amargo
- copinhos de plástico descartáveis

Para decorar

- morangos
- açúcar de confeiteiro

Para a musse de chocolate

- ⅔ de xícara de creme de leite fresco
- 200 g de chocolate meio amargo
- 3 claras
- 1 xícara de açúcar

Modo de preparo

Comece pelos copinhos. Para isso, derreta o chocolate em banho-maria: coloque o chocolate em uma tigela refratária e encaixe-a na boca de uma panela que tenha 2 dedos de água; o fundo da tigela não pode encostar na água, tá? Deixe em fogo baixo e mexa o chocolate até derreter. Se preferir, leve a tigela refratária ao micro-ondas e aqueça na potência máxima em intervalos de 30 segundos até derreter o chocolate.

Espalhe uma primeira camada de chocolate no interior dos copinhos. Escorra o excesso virando-os de cabeça para baixo sobre a tigela com o chocolate. Leve ao congelador até endurecer. Retire e espalhe mais uma camada de chocolate. Escorra o excesso de novo, passe o dedo na borda do copo e leve ao congelador até o momento de usar.

Enquanto isso, prepare esta musse de chocolate SENSACIONAL (modéstia à parte, né?). Coloque o chocolate e o creme de leite fresco em uma panela. Leve ao fogo baixo, mexendo sempre, até o chocolate derreter. Misture com o creme de leite fresco até obter uma linda ganache. Reserve.

Prepare agora o merengue italiano, que é muito fácil. Ele é feito em banho-maria, para ajudar na hora de espumar. Ele é um merengue estável e incrível para ser agregado em outras sobremesas, além desta aqui. É maravilhoso também para ser comido sozinho, assistindo a um filminho em plena TPM. Mas, calma, não coma tudo porque tem que sobrar para a receita, hein?

Para o banho-maria, você vai precisar de uma panela com um pouco de água (mais ou menos até a metade, para não vazar) e uma tigela refratária menor do que a panela. Coloque nela as claras e o açúcar e encaixe a tigela na boca da panela. Leve ao fogo baixo e bata com um batedor de arame (fouet) até perceber que os grãos de açúcar quase desaparecem. Quando obter uma mistura quase lisa, retire do banho-maria e leve para a batedeira. Bata bem, até formar um merengue lindo e aveludado. Uma dica boa para saber se ficou pronto é colocar as mãos na parte de baixo da tigela da batedeira. Se ainda estiver quente, significa que precisa bater um pouco mais. Se estiver frio, pode desligar.

Então incorpore o merengue à musse, para ficar bem aerada, daquelas que derretem na boca, sabe? Para isso, você precisa respirar fundo e deixar a sua mão levinha. É necessário colocar bastante ar nessa mistura, lembra? Por isso tem que ser feito delicadamente. Coloque um pouco de merengue na ganache e com uma espátula vá mexendo de baixo para cima, em movimentos circulares, até incorporar tudo.

Com os copinhos e a musse prontos, comece a montar. Você pode fazer isso de 2 maneiras: com o saco de confeitar ou com uma colher (com MUITA delicadeza para não quebrar o copinho). Preencha os copinhos com a musse e leve para a geladeira por 15 minutos. Depois, tire da geladeira e corte as bordinhas do copinho plástico com uma tesoura. Com cuidado, rasgue o restante do copo e descarte. Coloque uns moranguinhos por cima, polvilhe açúcar de confeiteiro e bom apetite de TPM!

Esta receita é leve e tem um excelente contraste de sabores. O azedinho do maracujá combina muito bem com o doce do chocolate. Fora que é muito charmosa, né?

MUSSE DE MARACUJÁ COM CHOCOLATE NA FRUTA

Ingredientes

- 2 maracujás
- ½ lata de creme de leite
- ½ lata de leite condensado
- 2 colheres (sopa) de chocolate meio amargo
- ⅓ de lata de creme de leite
- biscoito maisena esfarelado

Modo de preparo

Comece pela musse: corte os maracujás ao meio, retire a polpa com uma colher (reserve as cascas) e bata no liquidificador. Peneire e misture o suco com o creme de leite e o leite condensado, até ficar bem homogêneo. Reserve.

Prepare a ganache de chocolate. Derreta o chocolate em banho-maria: coloque o chocolate em uma tigela refratária e encaixe-a na boca de uma panela que tenha 2 dedos de água dentro; o fundo da tigela não pode encostar na água, tá? Deixe em fogo baixo e mexa o chocolate até derreter.
Se preferir, leve a tigela refratária ao micro-ondas e aqueça na potência máxima em intervalos de 30 segundos até derreter o chocolate.

Para montar, nas cascas de maracujá reservadas, alterne a musse, o biscoito triturado e a ganache e leve à geladeira. Dica da Ju: quanto mais gelado, mais gostoso!

Esta receita é perfeita para os dias friozinhos e preguiçosos. Amo de paixão comer o crumble quentinho, debaixo das cobertas e com uma ótima companhia. Aproveite!

CRUMBLE DE **BANANA QUENTINHO**

Ingredientes

- 3 xícaras de farinha de trigo
- ½ xícara de açúcar
- 200 g de manteiga gelada cortada em cubos
- 1 xícara de aveia em flocos
- 3 bananas
- doce de leite a gosto
- açúcar e canela a gosto

Modo de preparo

Preaqueça o forno a 180 °C.

Em uma tigela, coloque a farinha de trigo, o açúcar e a manteiga gelada. Com a ponta dos dedos, misture até obter uma farofa grossa, incorporando a manteiga aos outros ingredientes. Feito isso, adicione a aveia em flocos, que vai dar uma textura crocante ao crumble.

Unte uma fôrma redonda de 18 a 20 cm de diâmetro com um pouco de manteiga (isso será importante caso você queira desenformar o crumble). Se preferir servir logo após sair do forno, use a travessa refratária de sua preferência (apenas observe se tem o mesmo tamanho que indiquei para a fôrma).

Depois de untar, forre o fundo da fôrma ou da travessa com uma camada da farofa; reserve um pouco para colocar por cima depois. Fatie as bananas no sentido do comprimento e vá ajeitando sobre a farofa. Espalhe colheradas de doce de leite por cima da banana e cubra com o restante da farofa. Polvilhe açúcar e canela.

Leve ao forno e asse por 30 a 35 minutos ou até ficar bem douradinha por cima.

Retire e coma bem quentinha ou, se quiser desenformar, espere pelo menos 15 minutos até esfriar.

Uma dica dos deuses: sirva com uma bola de sorvete. Sua TPM agradece!

Sem dúvida, esta é uma das minhas receitas favoritas. Uma combinação doce e ao mesmo tempo leve de suspiros, creme de chantili e morangos. Só amor!

MERENGUE

Ingredientes

- 600 g de morangos sem cabinhos picados grosseiramente
- 1 xícara de açúcar
- suco de 1 limão
- 250 ml de creme de leite fresco ou nata
- suspiros a gosto (quanto mais, melhor!)

Modo de preparo

Coloque o morango picado, o açúcar e o suco de limão em uma tigela e misture delicadamente. Reserve.

Bata o creme de leite fresco na batedeira até o ponto de chantili (quando formam picos pequenos).

Desligue a batedeira e acrescente, então, os morangos reservados e os suspiros. Misture com cuidado e transfira para uma tigela de vidro bem bonita. Leve à geladeira até a hora de servir.

PIZZA BROWNIE

Ingredientes

Para a massa

- 180 g de chocolate meio amargo
- 100 g de manteiga
- ⅔ de xícara de açúcar mascavo
- ¾ de xícara de açúcar refinado
- 2 colheres (sopa) de cacau em pó
- 3 ovos
- 1 colher (chá) de essência de baunilha
- ¾ de xícara de farinha de trigo

Para decorar

- creme de avelã com cacau
- chocolate granulado
- biscoitos recheados
- confeitos de chocolate ao leite
- ... e tudo mais o que a sua TPM mandar!

Modo de preparo

Preaqueça o forno a 180 °C.

Derreta o chocolate e a manteiga em banho-maria: coloque-os em uma tigela refratária e encaixe-a na boca de uma panela que tenha 2 dedos de água dentro; o fundo da tigela não pode encostar na água, tá? Deixe em fogo baixo e mexa até derreter. Se preferir, leve a tigela refratária ao micro-ondas e aqueça na potência máxima em intervalos de 30 segundos até derreter.

Depois, acrescente o açúcar mascavo, o açúcar refinado e o cacau. Quando a mistura estiver morna, junte os ovos. Por fim, adicione a baunilha e a farinha.

Unte uma fôrma redonda de fundo removível e forre com papel-manteiga. Despeje a massa na fôrma.

Leve ao forno e asse por aproximadamente 15 minutos, ou até formar uma casquinha por cima. Cuidado: não deixe muito tempo senão vai virar um BOLO, hahahaha!

Retire do forno e espere esfriar. Remova o papel-manteiga e corte em fatias como se fosse uma pizza. Decore como a sua TPM mandar!

BOLO DE **CENOURA DE CANECA**

Ingredientes

Para a massa

- ½ cenoura crua descascada e picada
- 4 colheres (sopa) de açúcar
- ½ colher (sopa) de leite
- 4 colheres (sopa) de farinha de trigo
- 3 colheres (sopa) de óleo
- ½ colher (chá) de fermento químico em pó
- gotas de chocolate a gosto

Para decorar

- calda de chocolate (pode ser chocolate derretido, ou ganache, ou brigadeiro! Você é quem manda!)
- chocolate granulado

Modo de preparo

No liquidificador ou no processador, bata bem a cenoura, o açúcar e o leite. Adicione a farinha de trigo, o óleo e o fermento e bata mais um pouco. Depois que a massa ficar homogênea, misture à mão as gotas de chocolate e transfira para uma caneca alta.

Aqueça no micro-ondas em potência alta por aproximadamente 3 minutos. Antes de servir, coloque chocolate derretido por cima e decore com o granulado. Se a TPM e a fome estiverem DEMAIS, não precisa acrescentar o granulado, é só comer!

PÃO PIZZA DE **PEPPERONI**

Este pão pizza é o tipo de comida que faz as pessoas agradecerem por estarem vivas. Se prepare para ouvir bastante a frase: "Meu Deus, posso comer esse pão inteiro sozinho?" Obviamente a sua resposta será não.

Ingredientes

Para a massa

- 1 envelope (10 g) de fermento biológico seco instantâneo
- 3 colheres (sopa) de água morna
- 1 xícara de farinha de trigo
- 1½ colher (sopa) de açúcar
- 3 colheres (sopa) de óleo
- 1 ovo
- 1 pitada de sal

Para o recheio

- 400 g de queijo mozarela ralado
- 400 g de pepperoni cortado em rodelas finas
- 100 g de extrato de tomate
- orégano a gosto

Para pincelar

- 1 gema

Modo de preparo

Comece com o pré-fermento do pão: em uma tigela, coloque o fermento biológico, a água morna (fermento adora tudo que é quentinho, é o melhor jeito de ele crescer), ⅔ da farinha de trigo (o restante será usado na segunda etapa da receita) e o açúcar. Misture bem, cubra com um pano limpo e deixe descansar por 30 minutos.

Passado esse tempo, misture o óleo, o ovo, o restante da farinha e o sal. Sove bem a massa até ficar lisinha e não grudar mais nas mãos; isso significa que o glúten se desenvolveu e que a massa está pronta para descansar. Coloque-a em uma tigela, cubra de novo com um pano e deixe em um lugar quentinho até dobrar de volume (pode levar de 1 a 3 horas).

Preaqueça o forno a 180 °C.

Depois que a massa já tiver crescido, transfira para uma superfície enfarinhada para não grudar. Abra até ficar com aproximadamente 3 mm de espessura. Acomode a massa por toda a lateral de uma fôrma de furo no meio untada e enfarinhada, cobrindo inclusive o meio da fôrma e deixando sobrar massa para fora.

Pincele a massa com extrato de tomate e coloque o recheio: a mozarela ralada, o pepperoni em rodelas finas e uma pitada de orégano. Cubra com a massa que estava sobrando para fora da fôrma e feche bem. Pincele com a gema.

Leve ao forno e asse por 25 a 30 minutos ou até ficar bem douradinho por cima. Corte um pedaço e seja MUITO feliz.

PASTEL DE **LEITE EM PÓ COM CREME DE AVELÃ COM CACAU**

Ingredientes

Para a massa

- ½ lata de leite condensado
- 2 xícaras de leite em pó

Para a montagem

- leite em pó (para abrir a massa e para polvilhar)
- creme de avelã com cacau para rechear
  (se quiser mudar o recheio, pode! Que tal doce de leite?)

Modo de preparo

Misture o leite condensado com o leite em pó até formar uma massa firme. Modele uma bola e embrulhe em filme de PVC. Leve à geladeira por 40 minutos ou até ficar bem firme.

Em uma superfície forrada com papel-manteiga polvilhado com leite em pó, abra a massa com um rolo, mas não deixe fina demais para não quebrar; se a massa estiver grudando no rolo, coloque outro pedaço de papel-manteiga e passe o rolo por cima desse papel.

Corte a massa com um cortador redondo ou com um copo, formando discos. Coloque um pouco de creme de avelã com cacau no meio de cada disco e dobre a massa por cima do recheio. Pressione a borda com um garfo para fechar bem e não abrir o pastel. Depois, passe no leite em pó e esconda para comer tudo sozinha, porque é DEMAIS de bom!

BOLO TORTA **DE LETRA**

Ingredientes

Para a massa

- 3½ xícara de farinha de trigo
- 300 g de manteiga
- 1 xícara de açúcar
- raspas da casca de 1 limão
- 6 gemas

Para o molde

- 1 folha A4 (ou do tamanho que tiver)
- lápis
- tesoura

Para o recheio

- 120 g de manteiga
- 1½ xícara de açúcar de confeiteiro
- 200 g de *cream cheese*
- 1 colher (chá) de essência de baunilha

Para decorar

Você pode usar o que quiser, sério!
Aqui usei:

- morangos
- suspiros
- flores de açúcar
- pérolas comestíveis

Modo de preparo

Comece pela massa. Em uma tigela, misture com as mãos a farinha e a manteiga até formar uma farofa fina. Depois, adicione o açúcar e as raspas de limão. Misture mais um pouco. Acrescente as gemas previamente batidas e mexa até obter uma massa homogênea. Não mexa demais para não desenvolver o glúten, tá? Ele é o vilão nesta receita, pois pode deixar a torta muito dura e não queremos isso, né? Hehehe

Modele a massa em uma bola, embrulhe em filme de PVC e leve para descansar na geladeira por pelo menos 2 horas. O ideal é sempre da noite para o dia.

Passado esse tempo, retire a massa da geladeira e preaqueça o forno a 190 °C.

Abra-a em uma superfície enfarinhada até atingir uma espessura média de 5 mm, ou seja, não pode ficar nem muito fina nem muito grossa. Corte com uma faca de ponta bem afiada no molde de letra ou número que você quiser (esse molde pode ser feito em uma folha de papel mesmo!). Lembre-se de cortar a massa 2 vezes. Por exemplo, se você for fazer um J, como eu, corte 2 deles: um para a base e outro para o topo. Sacou?

Leve ao forno e asse por aproximadamente 15 a 20 minutos. O ideal é ficar douradinho por cima. Retire do forno e espere esfriar.

Enquanto as massas estão no forno, prepare o seu creme: bata a manteiga na batedeira até esbranquiçar. Depois, acrescente o açúcar de confeiteiro e bata mais um pouco (o ideal é o creme ficar bem branquinho e fofinho. Fica lindo!). Por fim, acrescente o *cream cheese* e a essência de baunilha. Bata por mais 5 minutos. Depois, retire e coloque em um saco de confeitar com o bico que quiser.

Espere a torta esfriar para começar a montar, caso contrário, seu creme vai derreter. Cubra uma das massas com o creme, fazendo biquinhos com o saco de confeitar para ficar bem bonito. Depois, cubra com a outra massa e repita o procedimento. Por fim, decore como quiser – aqui é livre mesmo!
Faça do jeito que a sua TPM mandar.

PIZZA **MARGUERITA CASEIRA**

Ingredientes

Para a massa

- 1¾ xícara de farinha de trigo
- ½ colher (sopa) de açúcar
- 1 tablete (20 g) de fermento biológico fresco ou ½ envelope (5 g) de fermento biológico seco instantâneo
- ½ xícara de água quente
- 5 colheres (sopa) de azeite
- 1 pitada de sal

Para o recheio

- 280g de molho de tomate
- 300g de queijo mozarela ralado
- tomates cereja cortados em rodelas a gosto
- manjericão fresco a gosto

Modo de preparo

Esta massa pode ser feita à mão ou em uma batedeira que aguente o tranco, hehehe! Independentemente de como escolher fazer, o modo de preparar é o mesmo.

Misture a farinha de trigo, o açúcar, o fermento, a água quente, o azeite e, por fim, o sal. Se você colocar o sal junto com o fermento, ele vai atrapalhar o processo de fermentação e isso pode resultar em uma massa pouco fermentada e solada. Por isso, deixe para colocar o sal só no final.

Sove bastante a massa até ficar completamente lisa e não grudar mais nas mãos. Modele uma bola, coloque em uma tigela, cubra com um pano limpo para não ressecar e deixe descansar por aproximadamente 1 hora.

Preaqueça o forno a 180 °C.

Abra a massa em uma superfície enfarinhada. Para uma pizza grande, é só abrir a massa em um único disco. Para a brotinho, divida a massa ao meio e abra 2 discos pequenos.

Leve ao forno e asse por 5 minutos. É importante pré-assar a massa para ela não ficar crua depois que colocar o recheio.

Comece a montagem: primeiro espalhe o molho de tomate (pode ser pronto ou feito em casa, você decide!), depois a mozarela, o tomate cereja e o manjericão. Leve ao forno novamente e asse até o queijo derreter por completo, de 10 a 15 minutos. Retire do forno e sirva quentinha. Bom apetite!

BOLO BICHO-DE-PÉ

Ingredientes

Para a massa

- 5 claras
- 5 gemas
- 2 xícaras de açúcar
- ½ colher (sopa) de essência de baunilha
- 2 xícaras de farinha de trigo
- 1 xícara de chocolate em pó
- 1 xícara de leite
- 1 colher (sopa) de fermento químico em pó

Para o recheio

- 2 latas de leite condensado
- ½ lata de creme de leite
- 3 colheres (sopa) de achocolatado sabor morango
- 1 colher (sopa) de pó para preparo de pudim sabor morango
- 1 colher (sopa) de manteiga

Para decorar

- granulado cor-de-rosa

Modo de preparo

Preaqueça o forno a 180 °C.

Comece batendo as claras em neve na batedeira até espumar bastante. Depois, adicione as gemas, uma a uma, batendo bem após cada adição. Junte o açúcar e a essência de baunilha. Bata por mais 1 minuto. Aos poucos, acrescente a farinha misturada com o chocolate em pó, alternando sempre com o leite. Por fim, misture o fermento em pó. Massa pronta, agora é só levar para assar.

Dividi a massa entre 2 fôrmas redondas iguais com 18 cm de diâmetro, mas você pode colocar em 1 fôrma grande de 24 cm. Lembre-se de que as fôrmas precisam ser altas, pois o bolo tende a crescer bastante.

Leve ao forno e asse por 25 a 30 minutos, ou até espetar um palitinho no centro da massa e ele sair limpo.

Enquanto isso, prepare o brigadeiro de bicho-de-pé. Coloque o leite condensado, o achocolatado sabor morango, o pó para preparo de pudim e a manteiga em uma panela fora do fogo e misture. Leve ao fogo baixo e cozinhe, mexendo sempre, até desgrudar da panela. Quando chegar nesse ponto, desligue o fogo e adicione o creme de leite. Transfira para uma tigela, cubra com filme de PVC, para não ressecar, e deixe na geladeira até esfriar.

Quando a massa e o recheio estiverem prontos, é hora da montagem. Primeiro, corte as massas ao meio na horizontal, formando discos. Se houver necessidade, pode cortar um pouco do topinho para deixar retinho, mas só se precisar mesmo.

Feito isso, forre a fôrma em que você assou o bolo com papel-alumínio de maneira que sobre bastante papel para cima. Coloque um disco de bolo, depois espalhe uma camada de brigadeiro de bicho-de-pé. Repita esse processo até o último disco. Guarde um pouco do brigadeiro para a cobertura.

Cubra o bolo com o alumínio que está sobrando, fechando bem. Leve ao congelador por 40 minutos. Isso vai garantir que o bolo esteja firme na hora de confeitar.

Após esse tempo, desenforme o bolo e remova o papel-alumínio. Passe o restante do brigadeiro de bicho de pé em volta do bolo. Cubra com granulado rosa e bom apetite!

TORTA DE LEITE EM PÓ E CREME DE AVELÃ COM CACAU

Ingredientes

Para a base

- 200 g de biscoito maisena
- 3 colheres (sopa) de manteiga derretida

Para o recheio

- 200 g de manteiga
- 3 colheres (sopa) de açúcar de confeiteiro
- ½ xícara de leite em pó
- ½ lata de creme de leite
- 350 g de creme de avelã com cacau

Modo de preparo

Preaqueça o forno a 200 °C.

No processador, triture os biscoitos até formar uma farinha bem fina. Acrescente a manteiga derretida e bata mais um pouco. O objetivo é obter uma massa úmida, como se fosse areia molhada.

Retire a massa do processador e forre uma fôrma de fundo removível, espalhando com a ponta dos dedos e pressionando bem nos fundos e na lateral para selar bem onde vai o creme.

Leve ao forno e asse por 10 minutos; isso serve para a massa assentar antes de receber o recheio. Depois de assada, deixe esfriar.

Na batedeira, bata bem a manteiga até obter um creme pálido. Depois que ficar bem clarinho, adicione o açúcar de confeiteiro e bata por mais 5 minutos. Acrescente o leite em pó e o creme de leite. Bata mais um pouco até ficar homogêneo. Reserve o creme até a hora de usar.

Com a base já fria, coloque primeiro uma camada alta de creme de avelã com cacau. Depois, espalhe o creme de leite em pó e leve para a geladeira até a hora de servir. Retire da fôrma e sirva. Bom apetite!

BOMBOM DE **BRIGADEIRO GIGANTE**

Ingredientes

Para o recheio

- 3 latas de leite condensado
- 250 g de chocolate meio amargo
- 150 g de creme de avelã com cacau
- 2 colheres (sopa) de creme de leite

Para a casquinha

- 500 g de chocolate meio amargo derretido
- 250 g de chocolate meio amargo picado

E para deixar lindão

- pó dourado comestível (tem o poder de amansar qualquer TPM!)

Modo de preparo

Comece preparando o recheio: em uma panela, coloque o leite condensado, o chocolate meio amargo, o creme de avelã com cacau e o creme de leite. Leve ao fogo médio e cozinhe, mexendo sempre, até o ponto de brigadeiro, ou seja, quando a massa começar a desgrudar do fundo da panela. Desligue o fogo, transfira o recheio para uma tigela e cubra com filme de PVC para não ressecar. Deixe na geladeira até esfriar.

Enquanto isso, prepare a casquinha do bombom. Misture o chocolate derretido (coloque-o em uma tigela refratária, e encaixe-a na boca de uma panela com 2 dedos de água e leve ao fogo baixo até derreter, ou leve a tigela refratária ao micro-ondas e aqueça na potência máxima em intervalos de 30 segundos) ainda quente com o chocolate picado. Esse choque de temperatura vai temperar o chocolate e garantir que dure muito mais tempo (esse processo é realmente importante em qualquer preparo com chocolate). Mexa bem, garantindo que o calor do chocolate já derretido dissolva o chocolate picado.

Despeje sobre uma fôrma de silicone decorada, de furo no meio e espalhe uma primeira camada bem espessa de chocolate. Vire a fôrma sobre a tigela para escorrer o excesso e leve ao congelador até endurecer. Repita o processo mais uma vez.

Quando o recheio já estiver completamente frio e o chocolate da casquinha estiver bem duro, coloque o brigadeiro na fôrma até o topo. Cubra com mais chocolate e leve ao congelador por mais 1 hora.

Desenforme com MUITO cuidado para não quebrar. Por fim, se quiser deixar mais lindo, decore com pó dourado comestível. Se não, boa TPM! Ah! E uma dica: na hora de cortar o seu bombom gigante, aqueça a faca para garantir uma fatia perfeita e também evitar que o seu bombom se quebre inteiro.

Receita fina para as TPMers chiques. Brincadeira!
Ela parece superdifícil e requintada, mas é uma das receitas mais fáceis do livro.
O legal é que dá para impressionar gastando pouco e
economizando bastante o seu tempo. Bora para a cozinha?

ABACAXI CARAMELADO COM SORVETE DE BAUNILHA

Ingredientes

- 1 xícara de açúcar mascavo
- 1 colher (sopa) de manteiga
- 2 colheres (sopa) de conhaque
- 2 fatias de abacaxi descascadas
- sorvete de creme

Modo de preparo

Comece pelo caramelo: em uma frigideira grande, coloque o açúcar e leve ao fogo alto, sem mexer, até derreter por completo. Quando chegar ao ponto de caramelo, reduza para fogo baixo e adicione a manteiga e o conhaque. Mexa até ficar homogêneo.

Depois, coloque as fatias de abacaxi e deixe 1 minuto de cada lado.

Disponha cada uma em um prato com uma bola de sorvete de creme por cima. Se você, assim como eu, amar muito caramelo, coloque o que restou na frigideira por cima do sorvete. Depois é só comer tudinho!

BRIGADEIRO VEGANO

Veganos do meu coração, podem me amar: tem receita de brigadeiro vegano siiiiiiim! Ele é feito de biomassa de banana verde, que melhora a imunidade, ajuda no desenvolvimento da microbiota intestinal e a controlar o colesterol, entre outros tantos benefícios. Além disso, esse brigadeiro também é perfeito para quem é intolerante à lactose. Assim que experimentei, foi amor à primeira mordida. Vale a pena fazer em casa.

Ingredientes

- 4 bananas bem verdes, com a casca
- 200 g de chocolate meio amargo vegano (sem lactose) picado
- 3 colheres (sopa) de açúcar mascavo
- 2 colheres (sopa) de melado de cana
- cacau em pó

Modo de preparo

Comece preparando a biomassa de banana verde: coloque as bananas verdes já lavadas e ainda com os talos na panela de pressão com água até a metade e leve ao fogo alto até pegar pressão (ela começa a fazer barulho de chiado). Reduza para fogo baixo e cozinhe por mais 10 minutos. Não deixe nem mais nem menos tempo (por isso, tenha sempre um reloginho por perto!). Desligue o fogo e espere a pressão sair naturalmente.

Depois que estiver totalmente sem pressão, abra a panela devagar (tome cuidado nesse momento, pois você pode se machucar feio!) e pegue as bananas com um pegador. Abra a casca com uma faca e retire a polpa.

Coloque a polpa no processador ou no liquidificador com um pouco da água do cozimento. Bata bem até formar uma pasta espessa. Se você quiser, guarde um pouquinho para fazer outra receita depois. Transfira para uma panela e acrescente o chocolate picado, o açúcar mascavo e o melado. Leve ao fogo médio e cozinhe, mexendo sempre, até a mistura desgrudar da panela. Desligue o fogo.

Transfira para um prato e espere esfriar. Unte as mãos com um pouco de azeite e modele as bolinhas e passe no cacau em pó para decorar. Se quiser comer de colher, depois de pronto, acrescente um pouco de água para ficar mais cremoso e macio. Bom apetite!

Alô, mulherada calorenta! Esta receita é para espantar o calor e a TPM! Principalmente se você estiver focada na dieta. Este frozen é sucesso absoluto!

FROZEN NATURAL **DE FRUTAS VERMELHAS**

Ingredientes

- 3 bananas congeladas
- 200 g de morango congelado
- 2 colheres de sopa de mel

Modo de preparo

Antes de começar, descasque as bananas, corte-as em rodelas e descarte o cabinho dos morangos. Leve tudo ao congelador por pelo menos 1 hora.

Passado esse tempo, coloque as frutas congeladas e o mel no processador ou no liquidificador e bata bem.

Depois de tudo bem misturado, sirva a sua porção, coloque o restante em uma travessa funda e conserve no congelador. Quando bater a TPM, é só ir correndo comer uma colher (ou o pote inteiro).

Bolo de maracujá lembra a casa da vovó, e casa da vovó lembra afeto.
Se você também é uma pessoa que ama comida afetiva, vai amar esta receita.
Minha dica: coma esse bolo acompanhado de um chazinho de cidreira
ou um cafezinho passado na hora. Hummmm...

BOLO DE **MARACUJÁ**

Ingredientes

Para a massa

- 2 maracujás
- 3 ovos
- 1 xícara de óleo
- 2 xícaras de açúcar
- 2 xícaras de farinha de trigo
- 1 colher (sopa) de fermento químico em pó

Para a calda

- 3 maracujás
- 1 xícara de açúcar

Modo de preparo

Preaqueça o forno a 180 °C.

Comece pelo suco de maracujá que vai na massa: bata no liquidificador ou no mixer a polpa dos 2 maracujás e depois coe o suco, descartando as sementes. Reserve o suco para usar logo em seguida.

Para a massa, bata no liquidificador os ovos, o suco de maracujá, o óleo e o açúcar. Bata tudo muito bem. Depois, acrescente a farinha aos poucos. Por último, misture o fermento em pó.

Despeje a massa em uma fôrma untada e enfarinhada. Leve ao forno e asse de 25 a 30 minutos, dependendo do seu forno. Preste atenção ao perfume da sua casa: quando começar a ficar com cheirinho de bolo, pode ter certeza de que está ficando bom. Para saber se já está assado, espete um palito no centro do bolo; se sair limpo, está pronto. Retire do forno e espere esfriar.

Enquanto o bolo assa, prepare a calda: em uma panela, coloque a polpa dos 3 maracujás e o açúcar e leve ao fogo médio. Cozinhe até reduzir e encorpar. Quando a calda engrossar, desligue o fogo e espere até a hora de usar.

Quando o bolo estiver frio, desenforme diretamente na boleira ou no prato de servir. Faça furinhos em cima do bolo e despeje a calda. Isso vai permitir que ela penetre no bolo, deixando-o bem molhadinho. Agora é só servir.

Você, que ama de paixão chocolate com biscoito, vai se apaixonar por essa receita. Além de ficar linda, é maravilhosa. Vamos aprender?

FUDGE DE **CHOCOLATE COM OREO**

Ingredientes

- ½ lata de leite condensado
- 1 pitada de sal
- ½ colher (sopa) de manteiga sem sal, em temperatura ambiente
- 1 colher (chá) de essência de baunilha
- 1 colher (sopa) de chocolate em pó
- 250 g de chocolate meio amargo derretido
- 100 g de biscoito de chocolate recheado com creme de baunilha

Modo de preparo

Em uma tigela refratária, coloque o leite condensado, o sal, a manteiga, a essência de baunilha e o chocolate em pó. Leve ao micro-ondas em potência média por 2 minutos.

Retire e adicione o chocolate meio amargo já derretido (para isso, coloque o chocolate em uma tigela refratária e encaixe-a na boca de uma panela com 2 dedos de água e leve ao fogo baixo até derreter, ou leve a tigela refratária ao micro-ondas e aqueça na potência máxima em intervalos de 30 segundos) e mexa até misturar bem e o fudge ficar homogêneo. Depois, quebre metade dos biscoitos em cima do fudge e misture com delicadeza para eles não se desfazerem.

Transfira para uma assadeira retangular forrada com papel-manteiga, alise a superfície do fudge com uma espátula e quebre o restante dos biscoitos por cima.

Leve ao congelador por pelo menos 3 horas. Depois, desenforme, retire o papel-manteiga, corte em quadrados e sirva. Bom apetite!

Não preciso nem comentar muito sobre esta receita, né?
Creme de avelã com cacau, musse... Já sabe que vai ficar sensacional, né?
Agora é só fazer em casa e curtir cada colherada.

MUSSE MUITO FÁCIL DE **CREME DE AVELÃ COM CACAU**

Ingredientes

- 500 g de creme de leite fresco gelado
- 350 g de creme de avelã com cacau

Modo de preparo

Bata o creme de leite fresco gelado na batedeira até espumar bem e virar creme de chantili. Cuidado para não bater demais e virar manteiga, hein?

Então, coloque o creme de avelã com cacau em uma tigela grande e comece a incorporar o creme de chantili aos poucos, bem devagar. O ar presente no creme de chantili vai deixar a musse bem aerada e fofinha, por isso vá devagar e misture de baixo para cima com movimentos circulares.

Depois de tudo incorporado, coloque em potinhos e leve para a geladeira por aproximadamente 2 horas. Depois é só servir!

Quando fiz este pavê pela primeira vez, foi amor à primeira vista.
É uma sobremesa deliciosa para dividir com as amigas que também estão de TPM.
Elas vão lhe agradecer pelo resto da vida!

PAVÊ RÁPIDO DE **LIMÃO**

Ingredientes

- 1 lata de leite condensado
- 3 limões espremidos
- 1 lata de creme de leite
- 2 pacotes de biscoito champanhe

Modo de preparo

Comece preparando a musse de limão: em uma tigela, coloque o leite condensado, o suco de limão e o creme de leite. Misture bem até formar um creme espesso.

Em uma travessa (ou em uma fôrma de pão forrada com papel-manteiga, caso queira desenformar), coloque primeiro uma camada de musse de limão, depois uma camada de biscoito. Repita com mais musse e biscoito até completar o recipiente, finalizando sempre com a musse.

Depois, se tiver feito na travessa, polvilhe com as raspas de limão e leve para a geladeira. Se quiser desenformar, deixe por pelo menos 4 horas no congelador e coloque mais raspas de limão se achar necessário. Agora é só ser feliz!

Esta receita reina na minha casa quase todos os dias.
Como eu amo pão de queijo, mas morro de preguiça de fazer,
faço esse de frigideira e posso dizer que fica SENSACIONAL!
Pode dar uma chance a ele, tenho certeza de que não vai se arrepender.

PÃO DE QUEIJO DE **FRIGIDEIRA**

Ingredientes

- 4 colheres (sopa) de tapioca
- 1 ovo
- 1 colher (sopa) de requeijão
- 1 colher (sopa) de queijo parmesão ralado
- 1 colher (sopa) de queijo mozarela ralado
- folhas de manjericão fresco
- sal a gosto

Modo de preparo

Misture todos os ingredientes e coloque em uma frigideira antiaderente ou untada com um pouquinho de manteiga. Deixe dourar por 2 minutos de um lado, depois vire e deixe dourar do outro. Retire e coloque um pouco de requeijão por cima. Boa TPM!

CHEESECAKE DE COLHER

Ingredientes

Para o creme

- 150 g de *cream cheese*
- 1 xícara de açúcar de confeiteiro
- ½ xícara de creme de leite
- raspas de limão

Para a crosta

- 1 xícara de biscoito maisena esfarelado

Para decorar

- frutas vermelhas

Modo de preparo

Comece batendo o *cream cheese* com o açúcar de confeiteiro e o creme de leite até obter uma mistura lisa e fofa. Pode ser na batedeira ou à mão mesmo.

Em um refratário ou em copinhos transparentes, faça camadas de biscoito esfarelado e de creme. Leve para a geladeira até endurecer um pouquinho. Decore com as frutas vermelhas e bom apetite!

PANQUECA DE **BANANA LOW CARB**

Ingredientes

- 1 banana-prata amassada
- 1 ovo
- 2 colheres (sopa) de tapioca
- 1 colher (sopa) de linhaça
- 1 colher (chá) de canela em pó
- azeite ou óleo de coco para untar
- melado de cana ou mel para regar

Modo de preparo

Misture todos os ingredientes, menos o melado ou o mel, até obter uma massa homogênea.

Coloque em uma frigideira untada com azeite ou óleo de coco e doure cada lado por 3 minutos. Na hora de servir, regue com melado de cana ou mel. Boa TPM saudável!

SUCOS *para a* TPM

Sucos detox ou com ingredientes que ajudam a evitar a retenção de líquido são ótimos e muito recomendados não apenas para a TPM, mas para todos os momentos da vida. Não tem contraindicação. Todos os ingredientes destes sucos são ótimos para mulheres que retêm líquidos durante o período menstrual. O abacaxi, a melancia, o melão e a hortelã, por exemplo, são diuréticos, ajudam na digestão e são repletos de vitaminas e minerais. A ameixa-preta é ótima para o bom funcionamento do trato digestivo, pois é uma fruta rica em fibras. A água de coco ajuda na hidratação do corpo e também é altamente nutritiva. Ah, tem também o gengibre que é termogênico, ou seja, aumenta a temperatura do organismo e acelera a queima de calorias. Convenci você a preparar todos, né? Eba! Uma dica para o consumo: tome o suco sem coar, pois assim ele permanece rico em fibras que ajudam no funcionamento do intestino. Mas, se quiser coar, sem problemas! Bom detox para você!

SUCO **DETOX PARA DESINCHAR**

Ingredientes

- 1 ameixa preta seca
- 2 fatias de abacaxi
- 3 folhas de hortelã
- 200 ml de água de coco

Modo de preparo

Bata no liquidificador todos os ingredientes e tome em seguida.

SUCO DE **COUVE, CENOURA E GENGIBRE**

Ingredientes

- 2 folhas de couve
- 1 colher de folhas de hortelã
- 1 maçã
- 1 cenoura ou 1 beterraba
- 1 colher de café de gengibre ralado
- 1 copo de água de coco ou água mineral

Modo de preparo

Bata no liquidificador todos os ingredientes e tome em seguida.

SUCO DE **MELANCIA E GENGIBRE**

Ingredientes

- 3 fatias de melancia sem sementes
- 1 colher de chá de gengibre ralado
- cubos de gelo

Modo de preparo

Bata no liquidificador todos os ingredientes e tome em seguida.

SUCO **VERDE COM ABACAXI**

Ingredientes

- 2 rodelas de abacaxi
- 1 folha de couve
- 1 colher de sopa de gengibre ralado (opcional)
- 1 copo de água

Modo de preparo

Bata no liquidificador todos os ingredientes e tome a em seguida.

SUCO DE **MELÃO E LIMÃO**

Ingredientes

- 1 fatia grossa de melão
- suco de 1 limão
- 1 copo de água de coco
- cubos de gelo

Modo de preparo

Bata no liquidificador todos os ingredientes e tome em seguida.

Lista de Músicas

- "1º De julho", Renato Russo; Polygram/Philips, 1994.
- "Agora só falta você", Rita Lee, Luis Sérgio Carlini; EMI-Odeon, 1975.
- "Amei te ver", Tiago Iorc; Som Livre, 2015.
- "Big Jet Plane", Angus Stone, Julia Stone; Nettwerk, 2010.
- "Irreplaceable", Mikkel Storleer Eriksen, Tor Erik Hermansen, Beyoncé Knowles; Columbia, 2006.
- "Man! I feel like a woman!", Robert John "Mutt" Lange, Shania Twain; Mercury Nashville/Def Jam/Island/Mercury/Virgin EMI, 1997.
- "Perfect", Charles-Andre Comeau, Jean-François Stinco, Pierre Bouvier, Arnold David Lanni, Sebastien Lefebvre; Atlantic, 2002.
- "Perfect", Ed Sheeran, Matthew Sheeran; Atlantic/EastWest, 2017.
- "Put your records on", John Beck, Steve Chrisanthou, Corinne Bailey Rae; EMI Music Distribution, 2006.
- "Sing a song", Al McKay, Maurice White; Columbia/Legacy, 1975.
- "The scientist", Guy Berryman, Jonny Buckland, Will Champion, Chris Martin; Capitol/EMI Records, 2002.
- "Valerie", Boyan Chowdhury, Abigail Harding, David McCabe, Sean Payne, Russell Pritchard; Universal, 2006.
- "Girl on fire", Alicia Keys, Billy Squier, Jeff Bhasker, Salaam Remi; RCA Records, 2012.
- "Tombei", Karol Conka, Tropkillaz; SPA sob licença da Elemess, 2014.